# prima A1

## Deutsch für Jugendliche

## Band 2

Friederike Jin
Lutz Rohrmann

# prima A1 / Band 2
## Deutsch für Jugendliche

Im Auftrag des Verlages erarbeitet von
Friederike Jin und Lutz Rohrmann
Kleine und Große Pause: Grammatiki Rizou

Projektleitung: Gunther Weimann
Redaktion: Lutz Rohrmann und Jitka Staňková

Beratende Mitwirkung: Jarmila Antošová, Panagiotis Gerou, Violetta Katiniene,
Vija Kilblocka, Grammatiki Rizou, Ildiko Soti, Milena Zbranková

Illustrationen: Lukáš Fibrich
Bildredaktion: Věra Frausová
Layout und technische Umsetzung: Milada Hartlová
Umschlaggestaltung: werkstatt für gebrauchsgrafik, Berlin

Weitere Materialien:
Arbeitsbuch mit Audio-CD: ISBN 978-3-06-020068-9
Audio-CD zum Schülerbuch: ISBN 978-3-06-020069-6
Handreichungen für den Unterricht: ISBN 978-3-06-020170-9
Testheft A1: ISBN 978-3-06-020078-9

**www.cornelsen.de**

1. Auflage, 3. Druck 2012

Alle Drucke dieser Auflage sind inhaltlich unverändert und können im Unterricht nebeneinander
verwendet werden.

Druck: Himmer AG, Augsburg

ISBN 978-3-06-020067-2

 Inhalt gedruckt auf säurefreiem Papier aus nachhaltiger Forstwirtschaft.

# Das ist prima

**prima 2** ist der zweite Band eines Deutschlehrwerks für Jugendliche ohne Deutsch-Vorkenntnisse, das zum Zertifikat Deutsch führt. **prima** orientiert sich eng am Gemeinsamen europäischen Referenzrahmen. Band 1 und 2 führen zur Niveaustufe A1, Band 3 und 4 zu A2 und der fünfte Band zu B1. **prima** macht Schritt für Schritt mit der deutschen Sprache vertraut und regt von Anfang an zum Sprechen an.

Das **Schülerbuch prima 2** enthält sieben Einheiten, eine „Kleine Pause" und eine „Große Pause" sowie eine Wortliste im Anhang.
Die **Einheiten** bestehen jeweils aus acht Seiten. Die erste bilderreiche Seite führt zum Thema einer Einheit hin. Es folgen sechs Seiten mit Texten, Dialogen und vielen Aktivitäten, die die Fertigkeiten Hören, Sprechen, Lesen und Schreiben und die Aussprache systematisch entwickeln. Im Sinne des europäischen Sprachenportfolios schreiben die Schüler und Schülerinnen auch regelmäßig über sich selbst und ihre Erfahrungen.
Die grünen Merkkästen **„Land und Leute"** vermitteln aktuelle Landeskunde über die deutschsprachigen Länder. Die orangenen Kästen **„Denk nach"** helfen dabei sprachliche Strukturen selbst zu erkennen.
Die letzte Seite einer Einheit, **„Das kannst du"**, fasst das Gelernte zusammen.
Die **„Kleine Pause"** nach Einheit 10 und die **„Große Pause"** nach Einheit 14 wiederholen den Lernstoff spielerisch.
Im **Anhang** gibt es eine alphabetische Wortliste mit den jeweiligen Fundstellen.

Das **Arbeitsbuch** mit integrierter Lerner-Audio-CD unterstützt die Arbeit mit dem Schülerbuch durch umfangreiches Übungsmaterial. Zur schnellen Orientierung findet man zu jedem Lernabschnitt im Schülerbuch unter der gleichen Nummer im Arbeitsbuch ein passendes Übungsangebot.
Im **Fitnesscenter Deutsch** gibt es dazu noch übergreifende Hör- und Lesetexte und spielerische Angebote. Am Ende der Arbeitsbucheinheiten können die Lernenden in **„Einen Schritt weiter** – Was kann ich jetzt" ihren Lernfortschritt selbstständig überprüfen und auf der letzen Seite finden sie den **Lernwortschatz** der Einheit nach Lernabschnitten geordnet.

Die **Audio-CDs zum Schülerbuch** enthalten die Dialoge, Hörtexte und die Übungen zur Aussprache.

Unter **www.cornelsen.de** gibt es für die Arbeit mit Prima Zusatzmaterialien, Übungen und didaktische Tipps sowie interessante Links.

Wir wünschen Ihnen viel Spaß
und Erfolg beim Deutschlernen mit **prima**

# Inhalt

# Mein Zuhause

das Bild    das Poster    der Teppich

das Bett    der Kaktus    das Fenster

der Stuhl    der Sessel    die Lampe

## Das lernst du

★ Gefühle benennen
★ Dein Zimmer beschreiben
★ Über Tätigkeiten zu Hause sprechen
★ Anweisungen geben

Ich heiße Mario.
Das ist mein Zimmer.

der Boden    die Decke    die Tür

der Hund    der Rucksack    die Wand

der Papierkorb    der Schreibtisch    der Bildschirm

das Regal    das Mathebuch    der Schrank

**1** **Bilder und Wörter**

**a** Schau dir Seite 5 an. Welche Wörter kennst du?

CD 2 **b** Schreib die anderen Wörter ab. Hör zu.
Ordne die Wörter den Nummern zu und lies vor.

> *1 das Bild*

**c** Wörter raten – A buchstabiert ein Wort von Seite 5, die anderen raten.
Sagt das Wort mit Artikel.

> B-E-...

> Bett, das Bett. Das ist Nummer 6, das Bett. D-E-C-...

**2** **Phonetik – Das weiche *b* und das harte *p***

CD 3 **a** Hör zu und sprich nach.

das Bild – das Poster          das Bett – das Papier          der Boden – die Lampe

CD 4 **b** Hörst du ein *b* oder ein *p*?

der Schreibtisch          der Papierkorb          abholen          gelb

[p]
Am Silbenende spricht man das *b* als *p* Schreibtisch.

**3** **Zimmer**

**a** Sieh dir die Bilder an. Wer wohnt hier – ein Junge oder ein Mädchen?

> Ich glaube, hier wohnt ...

> Warum? Jungen/Mädchen können doch auch mit ... spielen.

> Das Zimmer ist ordentlich.

CD 5 **b** Hör zu. Welcher Dialog passt zu welchem Zimmer?

**c** Hör noch einmal. Welche Aussage passt zu Dialog 1, welche zu Dialog 2?

1. Mein Zimmer ist meistens unordentlich, nur heute nicht.
2. Ich mag Tiere und Pflanzen.
3. Meine Mutter sagt immer: Räum doch endlich mal dein Zimmer auf!
4. Ich lese gern.

**4**
CD 6

## Traurig und froh

**a Hör das Lied. Wozu passen die Bilder?**

Ein Bett, ein Stuhl, ein Tisch,
ein Aquarium und ein Fisch,
eine Lampe, ein Poster, ein Bild.
Und die Farben mag ich wild.
5  Das ist mein Zimmer.
Hier bin ich immer.

Das Bett ist grün, die Wand ist blau,
mein Schrank ist rot, ich hasse Grau.
Schau, das Aquarium auf dem Tisch,
10  viele Farben hat mein Fisch.
Das ist mein Zimmer.
Hier bin ich immer.

Hier bin ich traurig, bin ich froh,
wütend und romantisch sowieso.
15  Hier lese ich und hier schlafe ich ein,
höre Musik ganz allein.
Das ist mein Zimmer.
Hier bin ich immer.

Komm doch mal zu mir.
20  Dann zeige ich es dir.
Ich lad dich in mein Zimmer ein.
Dann können wir zusammen sein.
In meinem Zimmer,
da bin ich immer.

**b Stimmungen – Sieh die Bilder und Adjektive
an. Wie heißen die Wörter in deiner Sprache?**

ruhig    traurig    aktiv    romantisch    wild    müde    froh    böse

**c Pantomine – Spielt die Adjektive. Die anderen raten.**

**5** Mein Zimmer

Erfinde ein Zimmer oder zeichne dein Zimmer. Mach eine Wörterliste.

Was heißt  auf Deutsch?

Das ist ein Vogelkäfig.

der Schreibtisch
der Computer
die Schildkröte im Terrarium

Da schläft meine Schwester.

Das ist unser Schrank.

Und das ist mein/meine ..

**6** Wo ist was?

a Sieh das Bild an und ergänze die Verben in 1–11.

stehen

hängen

liegen

1. Die Lampe … **auf** dem Boden.
2. Der Stuhl … **auf** dem Schreibtisch.
3. Der Papierkorb … **zwischen** dem Bett und dem Sessel.
4. Die CDs … **im** Papierkorb.
5. Die Kleider … **unter** dem Bett.

6. Zwei Poster … **an** der Wand.
7. Die Zeitschriften … **vor** dem Bett.
8. Die Schultasche … **neben** dem Bett.
9. **Im** Regal … einige Bücher.
10. **Über** dem Schreibtisch … Bilder **an** der Wand.
11. Der Teppich … **hinter** dem Sessel.

CD 7 b Hör zu. Rudi beschreibt sein Zimmer. Er macht vier Fehler.
Notiere und lies die richtigen Sätze vor.

**7** Sprechen üben: korrigieren

CD 8 a Lies und hör die Beispiele.

Die Lampe steht auf dem Schreibtisch.
Falsch, die Lampe steht auf dem <u>Boden</u>.

Die Bücher stehen auf dem Boden.
Falsch, die Bücher <u>liegen</u> auf dem Boden.

b Hör zu und korrigiere. Betone wie in den Beispielen.

**8**

**Bilder beschreiben**

**a** Schreib die Sätze 1–10 mit den Präpositionen und ordne sie den Bildern zu.

### Lernen lernen

*Wörter mit Bildern lernen – Präpositionen*

*Macht ähnliche Lernbilder für die Präpositionen.*

*in*        *auf*

1. die Katze / liegen / dem Schreibtisch
2. die Maus / sitzen / dem Papierkorb
3. das Buch / stehen / dem Regal
4. die Spinne / hängen / der Decke
5. die Lampe / stehen / dem Bett

6. der Hund / liegen / dem Bett
7. die Uhr / hängen / dem Schreibtisch
8. der Hund / liegen / den Stühlen
9. das Kaninchen / sitzen / der Lampe
10. die Maus / sitzen / den Büchern

*1. Die Katze liegt auf dem Schreibtisch.*

**b** Zeichnet Bilder. Tauscht in der Klasse. Schreibt Sätze.

*Das Buch liegt auf dem Stuhl.*

### Denk nach

| Nominativ | Akkusativ | Dativ |
|---|---|---|
| *der* Stuhl | *den* Stuhl | *auf dem* Stuhl |
| *das* Bett | *das* Bett | *auf de......* Bett |
| *die* Lampe | *die* Lampe | *auf de......* Lampe |
| *die* Stühle | *zwischen d......* Stühlen | |
| *im = in dem* | *am = an .........* | |

*Wo? – Präpositionen + Ort* ●: *immer Dativ*

**Phonetik: *g/k* und *d/t***

CD 9

**Hör zu und sprich nach.**

1. liegen, das Regal, gerne, gemütlich
2. Kaktus, Kleidung, kommen
3. liegt, der Tag, ich mag

4. die Decke, du, müde
5. der Teppich, der Tisch, die Tür
6. wild, das Bild, die Wand, das Mädchen

[k]   [t]

Am Silbenende spricht man das *g* als *k* und das *d* als *t*: der Tag; wild

**10** **Wo ist? Ein Spiel**

**Dein Partner / Deine Partnerin hat drei Sachen versteckt: deinen Kuli, dein Deutschbuch und deine Uhr. Frag nach den Sachen wie im Beispiel. Wer findet seine Sachen zuerst?**

▶ Ist mein Füller links im Zimmer?
▶ Ja.
▶ Ist er im Regal?
▶ Nein. Ist meine Uhr rechts im Zimmer?
▶ Nein. Ist mein Füller …?
…

*Der Füller liegt unter dem Bett.*

*Die Uhr liegt hinter dem Schrank.*

**11** **Projekt: Mein Traumzimmer**

**a** **Wie groß ist es? Was ist drin? Was kann man da machen?**
**Wer kann rein und wer nicht? Male, mache Fotos oder eine Collage. Beschreibe dein ideales Zimmer.**

*Mein ideales Zimmer ist 100 Quadratmeter (qm/m$^2$) groß.*
*Die Wände sind gelb und grün.*
*Die Decke ist …*
*Ich habe einen … und eine … im Zimmer.*
*Ich möchte viele Blumen im Zimmer haben.*
*Auf dem Schreibtisch steht … / An der Wand hängt/hängen …*

**b** **Sprecht über eure Zimmer.**

Hast du einen Fernseher im Zimmer?

Wo steht deine Stereoanlage?

Wer kann in dein Zimmer gehen?

**Was musst du zu Hause machen?**

**a Lies die Liste und notiere.**

Das muss ich *oft* (3), *manchmal* (2), *fast nie* (1), *nie* (0) tun.

*a 3*
*Ich muss oft mein Zimmer ...*

Ich muss ...
a) ... mein Zimmer aufräumen.
b) ... die Wohnung saubermachen.
c) ... einkaufen gehen.
d) ... das Auto waschen.
e) ... die Musik leise machen.
f) ... das Mittagessen kochen.
g) ... den Rasen mähen.
h) ... Oma und Opa besuchen.
i) ... mit dem Fahrrad zur Schule fahren.

Musst du dein Zimmer aufräumen?

Ja, ich muss mein Zimmer oft aufräumen.

### Denk nach

| müssen | ich/er/es/sie | m...ss |
|---|---|---|
| | du | m...sst |
| | wir/sie/Sie | müssen |
| | ihr | müsst |

**b Fragt in der Klasse. Berichtet.**

 **Anweisungen – Imperativ**

**a Lest die Beispiele. Schreibt dann die Sätze aus Aufgabe 12 als Anweisungen.**

**Räum** bitte dein Zimmer **auf.**

Petra, Silke, **räumt** bitte euer Zimmer **auf.**

*Mach bitte die Wohnung sauber.*
*Macht ... Machen Sie ...*

### Denk nach

**Imperativ**

| | |
|---|---|
| ~~Du~~ räumst auf. | Räum auf. |
| ~~Du~~ sprichst leise. | Sprich leise. |
| ~~Ihr~~ räumt auf. | Räumt auf. |
| ~~Ihr~~ sprecht leise. | Sprecht leise. |
| Sie sprechen leise. | Sprechen Sie leise. |
| **!** du wäschst/fährst | Wasch ... / Fahr ... |

**b Anweisungen in der Schule. Sammelt in der Klasse.**

| | | Das können wir zum Lehrer / zur Lehrerin sagen: |
|---|---|---|
| Steh auf. | Steht auf. | Sprechen Sie bitte langsam. |
| Mach das Buch auf. | Macht ... | Wiederholen Sie bitte ... |
| Hör zu. | Hört zu. | ... |
| Sprich ... | Sprecht ... | |

### Land und Leute

Die deutsche Durchschnittswohnung
Personen: 2–3 • Zimmer: 3 + Küche + Bad •
Kinderzimmer: 10–20 qm • über 80 % haben ein eigenes Zimmer •
Quadratmeter (qm): 90 • Miete: ≈ 480 Euro

### Gefühle benennen

Ich bin traurig – froh – romantisch – böse – müde – aktiv – wild – ruhig

### Dein Zimmer beschreiben

Der Papierkorb steht unter dem Schreibtisch.
Die Lampe steht auf dem Schreibtisch.
Meine Schultasche liegt auf dem Boden.
Das Poster hängt an der Wand.
Die Katze sitzt im Regal.

Rechts steht mein Bett und links mein Schrank.
Die Wände sind weiß.
Ich habe einen Sessel im Zimmer.
Mein Zimmer ist klein. Es ist 15 Quadratmeter
(qm/m²) groß.

### Über Tätigkeiten zu Hause sprechen

Was musst du zu Hause tun?

Ich muss immer mein Zimmer aufräumen.
Ich muss manchmal das Auto waschen.

### Anweisungen geben

Räum bitte dein Zimmer auf.
Mach bitte die Musik leise.

Räumt bitte das Zimmer auf.
Macht bitte die Musik leise.

### Außerdem kannst du ...

... einen Liedtext verstehen.
... eine Zimmerbeschreibung verstehen.

## Grammatik                                    kurz und bündig

**Präpositionen: Ort ● + Dativ (Frage: Wo?)**
vor    hinter    auf    unter    über    neben    zwischen    in    an

**Dativ**

|  | der Tisch | das Bett | die Lampe |
|---|---|---|---|
| Das Buch liegt | auf dem Tisch. | unter dem Bett. | neben der Lampe. |

! Verben: *liegen, stehen, sitzen, hängen*: immer Präposition + Dativ.

**Modalverb müssen**

| ich/er/es/sie | muss | wir/sie/Sie | müssen |
|---|---|---|---|
| du | musst | ihr | müsst |

**Imperativ**

| du-Form | | ihr-Form | Sie-Form |
|---|---|---|---|
| machen | ~~du~~ machst | Mach ... | Macht ... | Machen Sie ... |
| sprechen | ~~du~~ sprichst | Sprich ... | Sprecht ... | Sprechen Sie ... |
| auf/räumen | ~~du~~ räumst auf | Räum ... auf. | Räumt ... auf. | Räumen Sie ... auf. |
| ! fahren | ~~du~~ fährst | Fahr ... | Fahrt ... | Fahren Sie ... |

**Satzklammer**

| Ich | Position 2 | | Ende |
|---|---|---|---|
| | muss | oft mein Zimmer | aufräumen. |
| | Räum | bitte dein Zimmer | auf. |

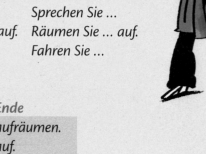

Jeden Tag muss ich mein Zimmer aufräumen!

# Das schmeckt gut

## Was gibt's heute ...

### ... zum Frühstück?

der Tee

das Obst

der Kakao

die Milch

das Müsli

der Quark

das Brot

die Marmelade

das Brötchen, -

die Butter

der Jogurt

der Schinken

das Ei, -er

Ich esse gerne Obst. Am liebsten esse ich Erdbeeren.

## Das lernst du

★ Sagen, was du gerne/lieber / am liebsten isst
★ Sagen, was du morgens, mittags, abends isst
★ Über Spezialitäten sprechen
★ Am Imbiss etwas bestellen

### ... zum Mittagessen?

der Saft, "-e

das Obst

das Mineralwasser

der Reis

der Salat

die Kartoffel, -n

das Gemüse

Isst du lieber Nudeln oder Kartoffeln?

das Würstchen, -

der Fisch

die Nudel, -n

Ich mag Nudeln, aber ich mag keine Kartoffeln.

der Käse

der Quark

das Fleisch

Sonntags esse ich manchmal nachmittags Kuchen.

### ... zum Abendessen?

der Salat

die Butter

der Tee

die Wurst

das Brot

der Käse

das Ei, -er

der Schinken

Zum Abendessen esse ich Brot mit Wurst oder Käse.

**1** **Nahrungsmittel**

CD 10

**a** **Sieh Seite 13 an. Hör zu und such die Nahrungsmittel auf dem Foto.**

> Butter zum Frühstück, zum Abendessen.

CD 11

**b** **Hör zu und sprich nach.**

**c** **Welche Wörter verwendet man hier nur im Singular? Mach eine Liste.**

> nur Singular
> das Obst

**2** **Was kennst du? Was isst du gern?**

**a** **Mach eine Tabelle.**

> ☺ Das esse ich gerne.
>
> Gemüse
> …
>
> ☺ Das esse ich nicht so gerne.
> …
>
> ☹ Das mag ich überhaupt nicht.
> …
>
> Das kenne ich nicht.
> …

**b** **Fragt in der Klasse.**

> Was isst du gerne?

> Ich esse gerne Fisch.

> Was magst du überhaupt nicht?

> Käse mag ich überhaupt nicht.

> Käse hasse ich.

> Was kennst du nicht?

> Quark kenne ich nicht.

**Denk nach**

**Der Null-Artikel**

das Fleisch (kein Plural)

| | |
|---|---|
| Was magst du? | Fleisch esse ich gerne. |

der Käse (kein Plural)

| | |
|---|---|
| Magst du …? | Nein, … mag ich nicht. |

die Kartoffel, **-n**

| | |
|---|---|
| Magst du Kartoffeln? | Ja, ich esse gerne Kartoffeln. |

die Süßigkeit, **-en**

| | |
|---|---|
| Magst du …? | Ja, klar, ich esse sehr gerne … |

**c** **Berichtet in der Klasse.**

Emily mag keine Kartoffeln,
sie isst gerne Reis.
Marvin isst nicht gerne Quark,
aber er trinkt gerne Milch.

Alle mögen Nudeln.
Niemand isst gerne Kartoffeln.

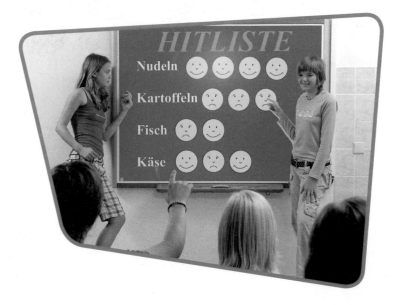

## Frühstück, Mittagessen, Abendessen – Interviews

**a Hör zu und lies. Ergänze die Tabelle im Heft.**

**Marvin:** Zum Frühstück gibt's bei uns Brot mit Marmelade und Nutella oder Müsli. Ich esse am liebsten Müsli, mein Bruder mag lieber ein Marmeladenbrot. Ich trinke eine Tasse Tee oder zwei. In der Pause esse ich meistens einen Apfel oder einen Jogurt. Zum Mittagessen bin ich manchmal in der Kantine, aber ich esse lieber zu Hause. Meine Mutter kocht gerne. Reis, Nudeln oder Kartoffeln mit Gemüse und Fleisch. Nachmittags esse ich meistens nichts. Zum Abendessen gibt es Salat, Brot und Käse und Wurst. Am Wochenende kocht mein Vater. Er kann auch gut kochen. Er kocht am liebsten Suppen.

> **Denk nach**
>
> **Ich esse**
> gerne Kartoffeln.
> lieber Reis.
> am liebsten Nudeln.
>
> Und du? Ich esse ...

> Zum Frühstück:
> In der Pause:
> Zum Mittagessen:
> Am Nachmittag:
> Zum Abendessen:
> Am Abend:
> Am Wochenende:

**b Jasmin und Mario – Hör zu und notiere Informationen im Heft.**

**Mario**

**Jasmin**

> Ich frühstücke nichts.

**c Macht Interviews in der Klasse, notiert und berichtet.**

> Was isst du zum Frühstück/Mittagessen/... / in der Pause?
> Was trinkst du lieber: Tee oder Wasser?
> Was isst du am liebsten zum Frühstück / ...
> Wer macht das Essen? Deine Mutter, dein Vater, du?
> Kannst du kochen?

> Zum Frühstück esse ich ...
> Ich trinke lieber ...
> Am liebsten esse ich zum Frühstück ...
> Mein Vater / Meine Mutter/ ... macht ...

> Jens isst zum Frühstück ...

> In der Pause isst er ...
> Er kann kochen, aber ...

> Alina – Frühstück: Müsli/Tee, Pause:
> Brot, Mittagessen: Nudeln

**4** **In der Kantine**

**a** **Lest den Speiseplan. Was kennt ihr? Was möchtet ihr probieren?**

```
Wochentag    Menü 1                        Menü 2 (vegetarisch)
--------------------------------------------------------------------------
Montag       Spaghetti bolognese           Spaghetti bolognese (vegetarisch)
             Quarkdessert                  Quarkdessert
Dienstag     Fisch in Zitronensoße         Gemüsepfanne mit Reis
             mit Reis, Obstjogurt          Obstjogurt
Mittwoch     Käsespätzle
             Obstsalat tropical
Donnerstag   Bohnensuppe mit Würstchen     Bohnensuppe, vegetarische
                                           Würstchen
             Schokoladenpudding            Schokoladenpudding
Freitag      Kartoffeln, grüne Soße mit Ei
             Apfelstrudel mit Sahne/
             Überraschungsdessert
An allen Tagen gibt es ein frisches Salatbüfett.
```

CD 15 **b** **Lies und hör zu. Welcher Tag ist heute? Was essen Noah und Lukas?**

▶ Ich gehe essen, kommst du mit, Lukas?
▶ Was gibt es denn heute?
▶ Fisch.
▶ Magst du Fisch?
▶ Ja, Fisch esse ich gerne, du nicht?
▶ Nein, Fisch mag ich nicht, ich hasse Fisch.
  Und vegetarisch, was gibt es da?
▶ Eine Gemüsepfanne mit Reis.
▶ Und zum Nachtisch?
▶ Einen Obstjogurt.
▶ Na gut, ich komme mit.

**c** **Schreibt und spielt eigene Dialoge.**

**d** **Projekt: Schreibt euren Traumspeiseplan für eine Woche auf Deutsch.**

**5**  **Phonetik: Vokale wiederholen – das lange *o* und *u***

CD 16 **Hör zu und sprich nach.**

Das lange *OOO*, das geht so:　　　　Das lange *UUU*, jetzt hör gut zu:
Jogurt, Brot und Obst – oho.　　　　Nudeln und Kuchen wollen wir versuchen.

**6**

## Spezialitäten in Deutschland, Österreich und der Schweiz

**a Lies die Texte und ordne dann 1–8 den Fotos und Orten auf der Landkarte zu.**

### Land und Leute

*Die Wörter für Speisen sind in den deutschspra-chigen Ländern nicht immer gleich. In Deutsch-land sagt man „Quark", in Österreich „Topfen", in Deutschland sagt man „Kartoffeln", in Österreich „Erdäpfel", in der Schweiz „Herdöpfel". Auch „Bröt-chen" sagt man nicht überall. In Süddeutschland und Österreich sagt man „Semmel", in der Schweiz „Weggli", in Berlin „Schrippen" und in Hamburg „Rundstück". Es gibt keine deutsche, österreichische oder Schweizer Nationalspeise, aber es gibt viele regionale Spezialitäten.*

1. Die Weißwurst ist eine Spezialität aus München. Man isst sie oft mit einer Brezel und süßem Senf. Traditionell isst man sie nur vormittags, bis 12 Uhr.
2. Das „Wiener Schnitzel" kennt man überall. Schnitzel isst man oft mit Kartoffelsalat oder Kartoffeln.
3. Im Schwarzwald gibt es eine berühmte Torte, die Schwarzwälder Kirschtorte.
4. Das Käsefondue kommt auch aus der Schweiz. Man isst die heiße Käsesoße mit Weißbrot.
5. Zürcher Geschnetzeltes macht man aus Kalbfleisch. Dazu isst man in der Schweiz gerne Rösti.
6. Auch die „Sachertorte" kommt aus Wien. Man kann sie auf der ganzen Welt bekommen.
7. Der „Christstollen" kommt aus Dresden. Das ist eine Art Kuchen. Christstollen isst man zur Weihnachtszeit.
8. In Norddeutschland isst man gerne Fisch. „Kieler Sprotten" sind eine Spezialität aus Kiel.

**b Was möchtet ihr probieren? Kennt ihr andere Spezialitäten aus Deutschland, Österreich und der Schweiz? Was esst ihr gerne?**

**c Was isst man gerne in eurem Land / eurer Region?**

In … isst man gerne …

### Denk nach

| essen | |
|---|---|
| ich | esse |
| du | isst |
| er/es/sie/*man* | … |
| wir | … |
| ihr | esst |
| sie/Sie | … |

**7** CD 17

**Imbiss auf dem „Prater" in Wien**

**a** Hört das Gespräch. Ist der Verkäufer freundlich ☺ oder unfreundlich ☹?

▶ Was möchtest du?
▶ Eine Bratwurst mit Pommes, bitte.
▶ Groß oder klein?
▶ Die Pommes? Klein … äh … nein, groß.
▶ Ja was nun? Klein oder groß?
▶ Groß.
▶ Mit Ketchup oder Mayonnaise?
▶ Mit Ketchup, aber ohne Mayo.
▶ Eine Bratwurst und einmal Pommes mit Ketchup, o.k.? Und nichts zu trinken?
▶ Doch, ein Mineralwasser.

**b** Was isst Thomas? Und was kostet das?

**8**

**Ja – nein – doch**

**Fragt und antwortet.**

Isst du **nicht** gerne Pommes frites?
Isst du gerne Hamburger?
Magst du **keine** Cola?
…

| **Denk nach** | |
|---|---|
| **ja – nein – doch** | |
| Möchtest du **etwas** trinken? | Ja, gerne. / Nein, danke. |
| Möchtest du **nichts** trinken? | Doch, ein Mineralwasser. / Nein, danke. |
| Möchtest du Ketchup? | …, gerne. / …, danke. |
| Möchtest du **kein** Ketchup? | …, ich möchte Ketchup. |
| | …, ich möchte kein Ketchup. |

**9**

CD 18

**Sprechen üben – freundlich ☺, neutral ☺ oder unfreundlich ☹**

**a Hört zu und notiert ☺☺☹. Sprecht nach.**

1. Eine Bratwurst mit Pommes, bitte.
2. Groß oder klein?
3. Ja was nun, klein oder groß?
4. Mit Ketchup oder Mayonnaise?
5. Und nichts zu trinken?
6. Doch, ein Mineralwasser.

## Lernen lernen

**Dialoge vorbereiten**

*Sammelt wichtige Sätze für den Verkäufer und für den Käufer auf Lernkarten und lernt die Sätze auswendig. Situationen: Imbiss, Kiosk*

| Käufer |
| --- |
| Ich möchte … |
| Haben sie auch …? |
| … kostet …? |

| Verkäufer |
| --- |
| Was möchtest du? |
| Groß oder …? |
| Ketchup oder …? |
| Und nichts …? |
| Das … Euro. |
| Das Essen ist gleich fertig. |

**b Spielt Dialoge am Imbiss.**

WIENERLE MIT BRÖTCHEN € 3.50

WIENERLE MIT KARTOFFELSALAT € 5.20

PORT. POMMES € 2.50

GRILLWURST IM BRÖTCHEN € 2.10

GRILLWURST MIT POMMES € 4.50

FLEISCHKÄSE IM BRÖTCHEN € 2.20

FLEISCHKÄSE KARTOFFEL S. € 5.50

BON AQUA € 1.70

APFELSAFT € 2.00

APFELSCHORLE € 2.60

TASSE KAFFEE € 2.00

**10**

## Zusammengesetzte Nomen

**Was passt zusammen?**

Bohnen... Kartoffel... Nudel... Reis... Käse... Marmeladen... Obst... Zitronen...

| das ...brot | der ...salat | das ...dessert |
| --- | --- | --- |
| die ...soße | die ...suppe | der ...kuchen |

## Sagen, was du gerne/lieber / am liebsten isst

Käse esse ich (nicht) gerne. Ich esse lieber Wurst. Am liebsten esse ich …
Das Essen in der Kantine schmeckt gut.

## Sagen, was du morgens, mittags, abends isst

Zum Frühstück esse ich …     Zum Mittagessen gibt es …     Zum Abendessen …
In der Pause …

## Über Spezialitäten sprechen

In Deutschland isst man gerne Kartoffeln.     Eine Spezialität in Wien ist die Sachertorte.

## Am Imbiss etwas bestellen

Ich möchte …                                Mit Ketchup oder Mayonnaise?
Was kostet…                                 Und nichts zu trinken?

## Außerdem kannst du …

… kurze Interviews zu Essensgewohnheiten machen.
… einen Text über Essen in den deutschsprachigen Ländern verstehen.
… eine Speisekarte verstehen.

## Grammatik                                          *kurz und bündig*

### *Nullartikel*

|  | *Singular* | *Plural* |
|---|---|---|
| *die Kartoffel, -n* | *Das ist eine Kartoffel.* | *Das sind Kartoffeln. Magst du Kartoffeln?* |
| *das Ei, -er* | *Das ist ein Ei.* | *Das sind Eier. Ich esse gerne Eier.* |

*Für Stoffnamen (die keinen Plural haben) benutzt man auch im Singular den Nullartikel:*

|  | *Singular* |
|---|---|
| *das Fleisch (kein Plural)* | *Magst du gerne Fleisch?* |
| *der Käse (kein Plural)* | *Ich esse gerne Käse.* |

*Ebenso:* *Brot, Fisch, Gemüse, Obst, Käse, Wurst, Quark, Jogurt*

### *Ja – nein – doch*

| *Isst du gerne Obst?* | *Ja, sehr gerne / Nein, nicht so gerne.* |
|---|---|
| *Isst du nicht gerne Obst?* | *Doch, ich esse gerne Obst.* |
|  | *Nein, Obst esse ich nicht gerne.* |

### *Das unpersönliche man*

*Er isst gerne Kartoffeln. Sie isst gerne Kartoffeln.*
*In Deutschland isst man gerne Kartoffeln.*

A

C

D

B

E

F

Januar

Februar

März

April

im Winter

im Frühling

Mai

Dezember

Juni

November

im Herbst

im Sommer

Oktober

September

August

Juli

## Monate und Jahreszeiten

**a Buchstabiert Monate und Jahreszeiten. Wer errät sie zuerst?**

> M-Ä

> März! F-R-Ü- ...

**b Wie ist das bei dir? Ordne den Aussagen die Monate und Jahreszeiten zu.**

1. Endlich ist das Schuljahr zu Ende und wir haben Ferien.
2. Bald ist das große Fest. Toll!
3. In dem Monat habe ich Geburtstag.
4. In den Monaten haben meine Eltern / meine Großeltern Geburtstag.

5. Man kann Schi fahren.
6. Das neue Jahr beginnt.
7. Es gibt viele Blumen.
8. In den Monaten haben wir ein paar Tage schulfrei.
9. In dem Monat macht das Freibad auf/zu.
10. Es regnet viel. Es regnet fast nie.

> Im Juli. Im Sommer.

**c Schreib noch zwei weitere Aussagen zu den Monaten.**

> Von November bis März.

## Das macht Spaß

CD 19

**a Sieh die Einstiegsseite an und lies die Texte 1–6. Hör zu. Welches Bild passt zu welcher Aussage?**

Johanna · Kevin · Anja · Karen · Oskar · Sandra

1. Ich wohne in Innsbruck. Im Winter gehe ich oft Schi fahren.
2. Mein Hobby ist Capoeira. Das ist ein brasilianischer Kampftanz. Wir trainieren einmal in der Woche. Im Sommer trainieren wir oft im Park.
3. Ich mache bei der Jugendfeuerwehr mit. Das macht echt Spaß.
4. In der Woche habe ich fast nie Zeit. Am Wochenende mache ich manchmal Fahrradtouren ...
5. Am liebsten bin ich mit Freunden zusammen. Wir chillen, sehen fern oder hören Musik und reden.
6. Im Sommer bin ich oft draußen. Aber ich habe auch ein „Winterhobby", ich sammle Briefmarken.

**b Hör noch einmal und notiere Informationen zu den Jugendlichen: Alter, Wohnort, Freizeit ...**

> Luzern · Innsbruck · Ludwigshafen · Potsdam · Erfurt · Bremen
> Schi fahren · Capoeira machen · Jugendfeuerwehr · eislaufen gehen · Fahrradtour machen
> einkaufen gehen · chillen · klettern gehen · Briefmarken sammeln

**c Beschreibt die Jugendlichen.**

> Johanna ist 14. Sie wohnt in Innsbruck, in Österreich. Sie fährt gern Schi.

**Eine E-Mail aus Potsdam**

**a   Lest den Text. Zu welchen Informationen passen die Bilder?**

---

Absender:  Karen.Gebhardt@zdx.de
   Objekt:
   Datum:
 Adresse:  mariadasgracas@cvsp.net

Hallo, Leute,
vielen Dank für eure E-Mail. Ihr lernt Deutsch? Das finden wir echt cool. Wir lernen Englisch
und Französisch. Ist Deutschlernen schwer? Manchmal ist es ja schon für Deutsche schwer.
Ihr wollt etwas über unsere Schule und unsere Freizeit wissen. O.k., hier ein paar Infos:
Wir sind 28 in der Klasse und fast alle machen ganz verschiedene Sachen.
Unser Tag sieht so aus: 8 Uhr bis 15 oder 16 Uhr Schule, dann gehen wir nach Hause. Zuerst
müssen wir noch Hausaufgaben machen und lernen. Die Hausaufgaben dauern vielleicht eine
Stunde, maximal zwei und dann beginnt die Freizeit. Aber viel Zeit haben wir nicht. Oft
sind wir nur müde und wollen nur chillen. Meistens haben wir nur am Wochenende Zeit für
Hobbys und Freunde. Viele machen Sport. Einige spielen Fußball. Silke ist richtig gut.
Sie trainiert bei Turbine Potsdam. Ihr Traum: Fußballprofi. Sie will mit Fußball Geld
verdienen. Zwei sind in einem Tanzclub. Ein Mädchen hat ein Pferd.
Zwei machen Capoeira. Zwei Jungen und ein Mädchen sind beim THW (Technisches Hilfswerk).
Die helfen bei Katastrophen in Deutschland und überall in der Welt. Vier Mädchen arbeiten
bei der Kirche mit.
Was macht ihr in der Freizeit? Habt ihr auch so lange Schule? Mailt uns mal wieder.
Liebe Grüße
Klasse 8c, Schiller-Gymnasium, Potsdam

---

**b   Lies noch einmal. Was steht im Text und was nicht? Korrigiere die falschen Informationen.**

1. Die Jugendlichen haben vormittags und nachmittags Schule.
2. Ein Junge will Fußballprofi sein.
3. Das THW organisiert Jugendreisen.
4. Ein paar Mädchen arbeiten in der Kirchengemeinde mit.
5. Die Jugendlichen haben viel Freizeit.
6. Sie müssen Hausaufgaben machen.
7. Sie gehen jeden Abend weg.
8. Sie sind oft sehr müde und wollen gar nichts machen.

| **Denk nach** | |
| --- | --- |
| **wollen** | |
| ich/er/es/sie | w... |
| du | willst |
| wir/sie/Sie | woll... |
| ihr | woll... |

**4**

CD 20

### Phonetik: *w*

**a   Hör zu und sprich nach.**

wwwww • ich will • du willst • er will • sie will • wir wollen • ihr wollt • sie wollen

wer? – wo? – wann? – am Wochenende

Wäsche waschen – Volleyball spielen – das Aquarium

**b   Such w-Wörter und mach drei Sätze mit vielen w-Wörtern. Tauscht die Zettel. Dein Nachbar/ deine Nachbarin liest die Sätze vor.**

**5**

### *Wollen* und *müssen*

**a   Wähl aus dem Kasten je vier Dinge: *Das will ich jeden Tag machen* und *Das muss ich jeden Tag machen.***

> Zimmer aufräumen • einkaufen gehen • Musik hören • früh aufstehen • lange schlafen • in die Schule gehen • ins Kino gehen • Wörter lernen • fernsehen • Computer spielen • Hausaufgaben machen • die Spülmaschine ausräumen • lesen • Freunde treffen

*Ich will jeden Tag ins Kino gehen.*
*Ich muss jeden Tag in die Schule gehen.*

**b   Findet heraus, was der/die andere notiert hat. Fragt euch gegenseitig mit Ja/Nein-Fragen.**

▶ Musst du jeden Tag früh aufstehen?
▶ Nein. Willst du jeden Tag Musik hören?
▶ Ja. Willst du ...?

**6**

### Umfrage zum Thema „Freizeit"

**a   Lest die Fragen. Fragt euch gegenseitig und notiert die Informationen.**

Wann gehst du morgens aus dem Haus?
Wann kommst du nach Hause?
Wie lange machst du Hausaufgaben?
Was machst du dann?
Wann gehst du ins Bett?
Wann stehst du am Wochenende auf?
Musst du auch am Wochenende lernen?
...

Wie lange pro Woche (in Minuten)
     siehst du fern?
     spielst du Computer?
     machst du Sport?
     liest du?
     hörst du Musik?
Wie oft   bist du mit Freunden zusammen?
     redest du mit deinen Eltern?

**b   Berichtet in der Klasse und macht eine Klassenstatistik.**

**c   Schreibt eine E-Mail an die Klasse 8c aus Potsdam.**

**7** **Machen wir was zusammen?**

CD 21

**a Du hörst drei Dialoge. Was machen die Jugendlichen?**

▶ Was machst du am Samstag?

▶ Keine Ahnung.

▶ Willst du ins Schwimmbad mitkommen?

▶ Ich schwimme nicht gern.

▶ Warum nicht?

▶ Ich habe keine Lust. Ich will lieber zum THW-Sommerfest.

▶ Wann gehst du?

▶ Keine Ahnung.

▶ Ich kann ab drei.

▶ O.k., holst du mich ab?

▶ Ich bin um Viertel nach drei da.

▶ O.k.

**b Lest, spielt und variiert den Dialog: andere Zeiten, andere Aktivitäten.**

**8 Was gibt es am Wochenende? – Zeitungsanzeigen**

**a Lies die Anzeigen: Finde etwas mit Musik, Sport, Tanzen, einen Film, ein Theaterstück.**

**b Schreibt und spielt eigene Dialoge wie in Aufgabe 7.**

Was machst du am …?                                        Keine Zeit. / Keine Lust.

Kommst du mit zur Disco / zum Konzert / ins Kino?     Ich … nicht gern …          Ich … lieber …

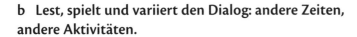

**9** Verneinung mit *nicht* oder *kein*

**a** Lies das Denk nach.

**Denk nach**

+ Ich habe **ein Handy**.
– Ich habe ... Handy.
**Auch:** Ich habe **keine Lust / keine Zeit** ...

+ Ich kann mitkommen.
– Ich kann **nicht** mitkommen.

Ich kann ... telefonieren.

**b** Ergänze die Sätze.

1. ▶ Wollen wir eine Radtour machen?
   ▶ Ich kann ... Ich habe zurzeit ... Fahrrad.
2. ▶ Ruf doch Silke an.
   ▶ Ich kann .... Ich habe ... Handy dabei.
3. ▶ Steht das Kinoprogramm ... in der Zeitung?
   ▶ Doch, aber ich habe ... Zeitung.
4. ▶ Hast du ... Zeitung zu Hause.
   ▶ Nein, ich lese ... Zeitung.

**10** Sprechen üben

CD 22

**Hör zu und antworte immer negativ.**

▶ Hast du ein Fahrrad?
▶ Nein, ich habe kein Fahrrad.

▶ Hast du einen MP3-Spieler?
▶ ...

▶ Siehst du gerne fern?
▶ Nein, ich sehe nicht gerne fern.
▶ Kannst du mitkommen?
▶ ...

mitkommen · aufräumen · in die Disco gehen ·
eine Party geben · Zeit haben

**11** Schulzeit und Ferienzeit

**a** Lies den Text und finde Informationen zu diesen Zahlen und Monaten: *1, 6, 8, August, Februar, Juli.*

**Land und Leute**

*Das Schuljahr beginnt in Deutschland, Österreich und der Schweiz zwischen Ende August und Mitte September und es ist im Juli zu Ende. In Österreich haben die Schüler ungefähr acht Wochen Sommerferien und in Deutschland und der Schweiz ungefähr sechs Wochen. Aber die deutschen und die Schweizer Schüler haben mehr kurze Ferien im Jahr. In Deutschland bekommen die Schüler im Februar eine „Halbjahresinformation" mit Noten. Am Ende des Schuljahres, im Sommer, bekommen sie ein Zeugnis.*
*Note 1 ist sehr gut und Note 6 ist sehr schlecht. Wer viele schlechte Noten (5 oder 6) hat, muss das Schuljahr wiederholen.*

**Beispiel: Schulferien in Baden-Württemberg**

| | |
|---|---|
| Sommerferien | 24. Juli – 6. September |
| Herbstferien | 27. Oktober – 01. November |
| Weihnachtsferien | 22. Dezember – 10. Januar |
| Osterferien | 09. April – 17. April |
| Pfingstferien | 2.–13. Juni |

In der Schweiz haben die Schüler ...

Eine 6 ist in Deutschland ...

**b Gleich oder anders? Lies die Stichwörter und vergleiche.**

der Schuljahresbeginn, die Ferienzeit, das Halbjahr, das Zeugnis, die Note 1, die Note 6,
ein Schuljahr wiederholen

In Deutschland beginnen die Ferien im Juli oder August. Bei uns …
In Deutschland und der Schweiz haben die Schüler ungefähr sechs Wochen Sommerferien. Wir haben …
In Österreich …
In Deutschland bekommen die Schüler im Februar … Wir bekommen …
Die Note 1 ist in Deutschland sehr gut. Die Note 1 ist bei uns …
In Deutschland müssen manche Schüler ein Schuljahr wiederholen. Bei uns …

**12**
CD 23

**Das Zeiträtsel**

**a Ergänze den Text. Kontrolliere mit der CD.**

Ein Jahr hat v… Jahreszeiten: Frühling, S…, Herbst und Winter.
Das sind 12 M…:
J…, F…, M…, A…, M…, J…, J…, A…, S…, O…, N…, D…
Ein M… hat 30 oder … T… .
Der F… hat nur 28 T…,
aber alle vier J… hat er … .
Ein M… hat v… W… .
Eine W… hat s… T…:
M…, D…, M…, D…, F…, S…, S… .
S… und S… sind das W…ende.
Ein T… hat 24 S… . Es gibt den Morgen, den V…mittag,
den Mittag, den N…, den A… und die Nacht.
Eine S… hat … M… und eine M… hat … Sekunden.

**b Zeitangaben mit _um, am, im_ – Fragt und antwortet.**

Wann hast du Mathe?                Wann feierst du Geburtstag?
Wann hast du Ferien?              Wann hast du keine Schule?
Wann machst du Hausaufgaben?      Wann lernst du nicht?
Wann klingelt dein Wecker?        Wann beginnt der Sommer?
Um wie viel Uhr gehst du ins Bett?   Wann …?
                                  Um wie viel Uhr …?

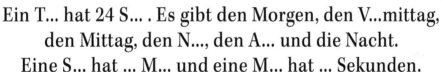

Am Mittwoch und am …

Im Juli und August.

Am Nachmittag.

Wann lernst du Deutsch?

Um 10 Uhr.

**Denk nach**

| | | |
|---|---|---|
| um | ⇒ | Uhrzeit |
| am | ⇒ | Tag/Tagesabschnitt |
| im | ⇒ | Monat/Jahreszeit |

… Mai – … Mittag – … acht Uhr

## Über Freizeitaktivitäten sprechen

Im Winter gehe ich oft Schi fahren. Das macht Spaß.
Ich mache bei der Kirche / beim THW mit.
Ich mache Capoeira.

Mein Hobby ist … Das ist …
In der Woche habe ich wenig/nie Freizeit.
Wir trainieren im Park / jede Woche / oft.

## Freizeitaktivitäten planen

Was machst du am Samstag?
Willst du mit ins Schwimmbad kommen?
Wollen wir eine Radtour machen?
Warum nicht?
Holst du mich ab?

Keine Ahnung. / Keine Lust. / Keine Zeit.
Ich weiß nicht.
Ich gehe lieber in den / in die / ins/zum …
Ich bin um Viertel nach drei da.
Ich hole dich um sechs ab.

## Noten, Zeugnisse und Ferien vergleichen

In der Schweiz haben die Schüler sechs Wochen Sommerferien. Wir haben acht Wochen.
In Deutschland ist sechs eine sehr schlechte Note. Bei uns …

## Außerdem kannst du …

… eine E-Mail über die Aktivitäten von Schülern verstehen/schreiben.
… eine Klassenstatistik zu Freizeitaktivitäten machen.
… Texte über Schule verstehen.
… Informationen in Zeitungsanzeigen finden.

## Grammatik    kurz und bündig

### Verneinung mit nicht oder kein

| | |
|---|---|
| ein ⇨ kein | Ich habe einen Computer / ein Handy / eine Zeitung. |
| | Ich habe keinen Computer / kein Handy / keine Zeitung. |
| ! Auch kein bei: | Ich habe kein Geld / keine Zeit / keine Lust. |

| | | |
|---|---|---|
| Sonst immer nicht | Ich schwimme gern. | Ich schwimme nicht gern. |
| | Ich fahre gern Fahrrad. | Ich fahre nicht gern Fahrrad. |

### Präpositionen (temporal): im, am, um

| | | |
|---|---|---|
| im ⇨ Monat/Jahreszeit | | im Januar, im Winter |
| am ⇨ Wochentag/Tagesabschnitt | | am Montag, am Vormittag, (!) in der Nacht |
| um ⇨ Uhrzeit | | um 8 Uhr |

### Modalverb wollen

| ich/er/es/sie/man | will | wir/sie/Sie | wollen |
|---|---|---|---|
| du | willst | ihr | wollt |

### Satzklammer

| | Position 2 | | Ende |
|---|---|---|---|
| | Wollen | wir ins Schwimmbad | gehen? |
| Nein, ich | will | lieber ins Kino | gehen. |

Ich fahre nicht
Fahrrad.

## Sprechen und spielen

**a** Stefan hat Geburtstag und er bekommt viele Geschenke.
Sechs Geschenke *hängen/liegen/stehen/sind* in seinem Zimmer.
Arbeitet zu zweit und fndet sie im Bild B.
Wer findet die Geschenke zuerst?

Bild A

Bild B

**b** Sprecht in der Klasse.

> Auf dem Boden zwischen dem Schreibtisch und dem Bett steht ein Rucksack.

> Richtig!
> Der ist neu!

CD 24  **c** Hör die drei Zimmerbeschreibungen.
Welche passt zu Bild A, welche zu Bild B?
Welche passt nicht?

# WEIHNACHTEN

a   Arbeitet in Gruppen, wählt je drei Texte von Seite 31 und ordnet sie den Kalenderblättern zu. Lest dann die Texte genau und klärt unbekannte Wörter.

A — 1 Dezember Samstag

B — 2 Dezember Sonntag

C — 4 Dezember Dienstag

D — 6 Dezember Donnerstag

E — 9 Dezember Sonntag

F — 11 Dezember Dienstag

G — 15 Dezember Samstag

H — 16 Dezember Sonntag

I — 23 Dezember Sonntag

J — 24 Dezember Montag

K — 25 Dezember Dienstag

L — 1 Januar Dienstag Neujahr

# Kleine Pause

**b  Hör zu. Sophie erzählt über Weihnachten bei ihr zu Hause.**

1.  Am Nikolaustag stellen meine Schwester und ich unsere Schuhe vor die Tür und am nächsten Morgen finden wir Süßigkeiten und kleine Geschenke darin. Alina denkt, die bringt der Nikolaus.

2.  Am ersten Weihnachtstag essen wir zusammen mit Oma, Opa, Tante Elfriede und Onkel Horst die Weihnachtsgans. Andere Leute essen Fisch oder Truthahn oder andere Sachen.

3.  Das Beste an Weihnachten sind die Geschenke. Am Heiligabend morgens schmücken wir den Weihnachtsbaum. Abends ist die Bescherung. Zuerst spiele ich Weihnachtslieder auf der Flöte und wir singen. Dann sucht jeder seine Geschenke unter dem Weihnachtsbaum.

4.  Heute öffne ich das erste Türchen von meinem Adventskalender und esse die erste Schokolade. Ich esse dann jeden Tag ein Stück, bis es Heiligabend ist.

5.  Heute backt Mama Plätzchen. Alina und ich helfen gern. Wir probieren auch als Erste vom Weihnachtsgebäck. Mmmm, lecker, das schmeckt gut!

6.  Unser Weihnachtsmarkt ist nicht so groß wie der „Christkindlmarkt" in Nürnberg, aber ich mag ihn gern. Zuerst sehen wir uns immer alles an, dann kaufen wir Geschenke oder Engel und Kugeln für den Weihnachtsbaum. Zum Schluss trinken meine Eltern einen Glühwein und wir essen Lebkuchen. Toll!

7.  Die Adventszeit beginnt an einem Sonntag zwischen dem 27. November und dem 3. Dezember und endet am Heiligabend, also am 24. Dezember. Wir kaufen einen Adventskranz mit vier Kerzen. An jedem Adventssonntag zündet man eine Kerze an. Am Sonntag vor Weihnachten brennen alle vier Kerzen.

## Hören: Wichteln

**a  Sieh die Bilder an und lies 1–8. Hör dann zu und bring die Zeichnungen in die richtige Reihenfolge. Was ist wichteln?**

1. die Zettel einsammeln und mischen
2. jeder bekommt sein Geschenk
3. einen Zettel ziehen
4. das Geschenk einpacken
5. den Namen auf einen Zettel schreiben
6. die Geschenke kommen in einen Sack
7. ein Geschenk kaufen oder basteln
8. den Namen auf das Geschenk kleben

**b  Ordnet die Sätze den Bildern zu.**

# Kleine Pause

## Ein Weihnachtslied: Oh Tannenbaum

CD 27 Hört das Lied. Wollt ihr es singen? Den Text findet ihr im Internet. Stichwort: Weihnachtslieder.

## Spielen und wiederholen

**Spielt zu zweit.**

**Werft eine Münze.**  **Kopf = 1 Schritt**  **Zahl = 2 Schritte**

A führt den Hund zum Knochen.
B führt die Katze zum Fisch.
Hund und Katze mögen sich nicht: Kommt ein Tier auf ein Feld, wo das andere Tier steht, muss das 2.
Tier drei Felder zurück. Wer ist als Erster am Ziel?

| Start A / Ziel B | **Pantomime: Spiel die Adjektive:** müde/traurig/ froh | **Nenne die Artikel von:** Decke/Wand/ Schrank | **Konjugiere:** ich will, du ..., er ..., wir..., ihr ..., sie ... | **Was isst du zu Mittag? (2 Beispiele)** |
|---|---|---|---|---|
| **Beschreibe dein Zimmer.** (3 Sätze) | **Ich trinke gerne ... 3 Beispiele** | **Antworte:** Kommst du mit ins Kino? – ☺ | **Nenne 4 Monate mit „r" am Ende.** | **Wie heißt der Satz?** vor / steht / mein Stuhl / dem Schreibtisch |
| **Konjugiere:** ich muss, du ..., er ..., wir..., ihr ..., sie ... | **Nenne 4 Freizeit- aktivitäten im Winter.** | **Was isst du zum Frühstück? (3 Beispiele)** | **Das sagen Eltern oft:** R _ _ _ bitte dein Zimmer a _ _! | **Ergänze:** Isst du keinen Fisch? – _____, ich esse gerne Fisch. |
| **Nenne 4 Monate mit 31 Tagen.** | In Deutschland haben alle Kinder ein eigenes Kinderzimmer. **R/F?** | **Nenne den Plural von:** Stuhl/Bett/ Lampe | **Was ist dein Lieb- lingsessen?** | Der Lebkuchen ist ein Weih- nachtskuchen. **R/F?** |
| **Ergänze:** Dein Rucksack _____ _____ dem Boden. | **Nenne die Artikel von:** Zimmer/Tisch/ Sessel | **Ergänze:** im Frühling, __ September, __ Montag, __ 13.00 Uhr | **Nenne den Plural von:** Kartoffel/Ei/ Brötchen | Start B / Ziel A |

Wollt ihr mehr spielen? Bastelt ein Spielfeld und schreibt Aufgaben. Jede/r
in der Klasse schreibt mindestens eine Aufgabe.

## Das lernst du

* Über den Körper sprechen
* Über Kleidung und Mode sprechen
* Sich und andere beschreiben

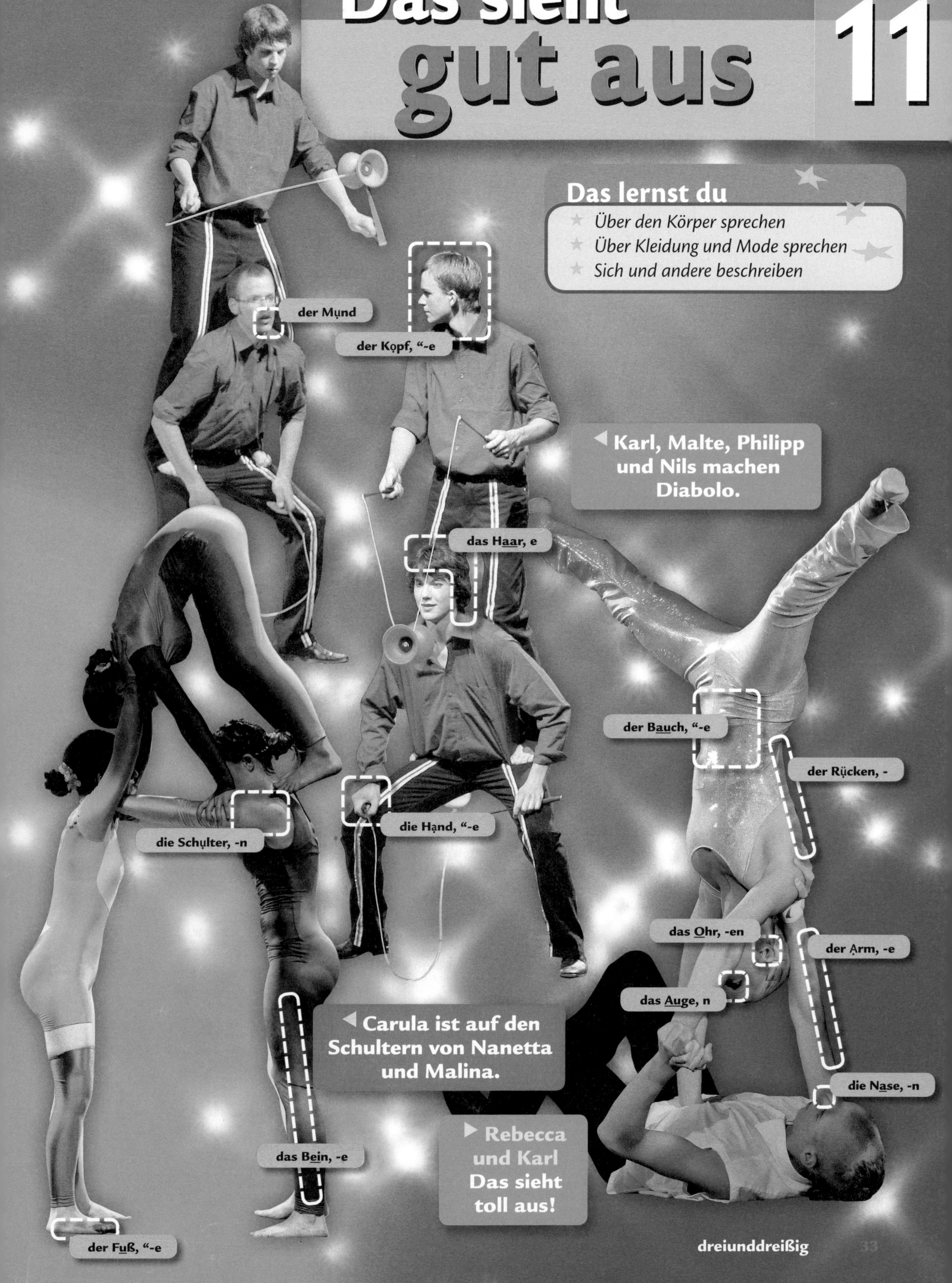

der Mund

der Kopf, "-e

◀ **Karl, Malte, Philipp und Nils machen Diabolo.**

das Haar, e

der Bauch, "-e

der Rücken, -

die Schulter, -n

die Hand, "-e

das Ohr, -en

der Arm, -e

das Auge, n

die Nase, -n

◀ **Carula ist auf den Schultern von Nanetta und Malina.**

das Bein, -e

▶ **Rebecca und Karl Das sieht toll aus!**

der Fuß, "-e

## 1  Körperteile

CD 28

**a  Hör die Wörter und sprich sie nach und such sie auf S. 33.**

**b  Sag einen Körperteil, die anderen zeigen.**

**c  Wie viele ... hat man? Fragt und antwortet.**

Wie viele Augen hat man? Wie viele Haare hat man?* Wie viele Köpfe hat man? Wie viele ... .

> **Lernen lernen**
>
> Macht Lernplakate zu den Körperteilen. Es gibt viele Möglichkeiten. Hier ein Beispiel.

**d  Was brauchst du zum ...? Beantworte die Fragen. Schreib neue Fragen. Fragt und antwortet in der Klasse.**

Was brauchst du zum ... Essen/Tanzen/Radfahren/Deutschlernen ...?

> Zum Essen brauche ich den Mund und die Hände.

## 2  Ich habe Kopfschmerzen

**a  Erfindet Ausreden wie im Beispiel.**

> Tut mir leid, ich kann leider nicht an die Tafel kommen, mein Fuß tut weh.

> Tut mir leid ...

> Geh jetzt zum Sport!

> Schreibt die Beispiele ins Heft!

> Hört die Interviews.

> Lest den Text.

> Sprecht den Dialog zu zweit.

> Lest die Hausaufgaben vor.

**b  Schreibt drei weitere Aufforderungen und fordert eure Mitschüler/innen auf.**

## 3  Phonetik: z

CD 29

**Hör zu und sprich nach.**

z, tz, ts spricht man im Deutschen immer ts.

Wie geht's im Zirkus?
Zwölf Zebras tanzen Walzer.
Zwei Katzen sitzen auf dem Trapez.
Zehn Polizisten essen Pizza.

* Lösung 1c: Es sind 90 00 – 150 000 je nach Farbe.

## 4 Unsere Zirkus-AG

Einmal pro Woche ist Training für die Zirkus-AG der Freien Waldorfschule Wetterau in Bad Nauheim. Wir sind 50 Schüler aus den Klassen 8 bis 13. Unsere Zirkus-Lehrerin ist ganz toll. Sie kann super Akrobatik und Trapez und hilft uns sehr viel. Einmal pro Jahr, meistens im Juli, machen wir eine Aufführung. Vor der Aufführung trainieren wir fast jeden Tag. Wir sind auch im Internet: www.varietevoila.de.

Julia
Ele

### a Beschreibe die Artisten.

| Julia | sitzt | auf dem Trapez. |
| Ele | liegt | auf dem Rücken. |
| Ele | liegt | auf den … |
| Sie | machen | die Beine gerade. |

### b Was passt? Beschreibe die Artisten auf den Fotos auf Seite 33.

| Karl | liegt | ihre Schultern auf den Händen von Karl. |
| Rebecca | hat | auf dem Rücken von Karl und Philipp. |
| Malte und Nils | stehen | ihre Hände auf den Schultern von Nanetta. |
| Malina | hat | auf dem Rücken. |
| … | | |

### c Wer sagt was? Lest und ordnet die Texte 1–4 den Fotos auf Seite 33 und 35 zu.

1. Ich liebe Akrobatik und am liebsten mache ich Trapez-Akrobatik. Ich mache die Augen zu, dann ist es ein bisschen wie Fliegen.
2. Man braucht viel Kraft. Ich mache zweimal pro Woche Krafttraining. Aber es ist nicht nur Kraft, wir brauchen auch viel Konzentration, dann geht's.
3. Wir sind schon lange Freunde und machen Diabolo zusammen. Jetzt probieren wir Diabolo mit Akrobatik. Das macht Spaß.
4. Carula, Malina und ich sind Freundinnen. Wir machen gerne Akrobatik zusammen. Hier ist Carula oben. Sie macht gleich einen Handstand.

### d Was machen Jungen gerne? Was machen Mädchen gerne? Was macht ihr oder was möchtet ihr gerne machen?

## Land und Leute

*In den deutschsprachigen Ländern gibt es an vielen Schulen Zirkus-AGs und Zirkus-Freizeiten in den Ferien. Kinder und Jugendliche können dort Jonglieren, Akrobatik, Einradfahren usw. lernen. Die Kinder und Jugendlichen planen und trainieren zusammen ein Programm. Zum Schluss zeigen sie ihr Programm den Eltern und Freunden.*

## 5 Kleidung

CD 30

**a** Hör zu, sprich nach und such das Bild.

Mode

der Ohrring, -e

die Kappe, -n

der Pullover, –

der Ring, -e

der Bikini, -s

das Kleid, -er

der Mantel, "–

die Bluse, -n

das T-Shirt, -s

das T-Shirt, -s

die Jeans, –

die Jeans, –

für Mädchen und Jungen

die Jacke, -n

der Schuh, -e

der Schuh, -e

**b** Was ist für Jungen, was ist für Mädchen?

> Die Kappe ist für Jungen.

> Jungen können die Jeans rechts nicht tragen.

> Ich finde, Mädchen können die Kappe auch tragen.

> Die Jeans ist nur für Mädchen.

```
            oben
             ⇑
links ⇐ in der Mitte ⇒ rechts
             ⇓
           unten
```

**c** Fragt und antwortet.

> Wie findest du den Pullover?

> Den (Pullover) finde ich blöd.

| + | – |
|---|---|
| gut süß | blöd |
| cool super toll | langweilig |
| romantisch | uncool |
| modisch | |

**6** **Kleidung kaufen**

CD 31 **a** **Hör zu und lies mit.**

▶ Und wie findest du den Pullover?

▶ Also, ich finde ihn zu eng.
Probier mal den Pullover.
Der ist in Größe 38.

…

▶ Und – wie ist er?

▶ Der Pullover ist super. Du siehst gut aus.

▶ O.k., dann nehme ich ihn.
Und wie findest du die Jacke?

▶ Ich finde sie cool.

…

**b** **Macht Dialoge wie in 6a.**

| | |
|---|---|
| zu groß – zu klein | zu bunt |
| zu lang – zu kurz | zu teuer |
| zu eng – zu weit | zu langweilig |

**Denk nach**

| | |
|---|---|
| Wie findest du den Pullover? | Ich finde … gut. |
| Wie findest du das T-Shirt? | Ich finde es gut. |
| Wie findest du die Jacke? | Ich finde … gut. |
| Wie findest du die Schuhe? | Ich finde sie gut. |

**7** **Pluralformen**

**a** **Sucht 10 weitere Beispiele.**

**b** **Spiel – Wer weiß die richtige Form?**

**Denk nach**

Nomen auf -e haben den
Plural mit -n

| | |
|---|---|
| die Jacke | das Auge |
| die Jacken | die Auge… |

DIE MÄNTEL

DER MANTEL

**8**

CD 32

### Wer ist es?

**Hört zu und ratet, wer es ist.**

1. Meine Haare sind braun und ein bisschen lockig. Ich trage ein T-Shirt und eine Dreiviertelhose. Meine Schuhe sind braun.

2. Ich bin 1,75 m groß. Meine Haare sind ganz kurz und braun. Meistens gele ich sie. Meine Augen sind blaugrün. Ich trage immer Jeans und Sportschuhe. Im Sommer trage ich T-Shirts, im Winter Sweatshirts. Jetzt ist mein T-Shirt schwarz.

**9**

CD 33

### Sprechen üben

**a   Rückwärts hören – vorwärts sprechen – Hör zu und sprich den Satz richtig.**

groß – siebzig – Meter – ein – bin – ich

Ich bin ein Meter siebzig groß.

**b   Sprecht Sätze rückwärts, euer Partner / eure Partnerin spricht die Sätze vorwärts.**

**10**

### Bilder beschreiben

**Sucht Fotos aus Zeitschriften oder zeichnet eine Person und beschreibt sie. Die anderen raten, wer es ist.**

Die Person ist ungefähr … groß. Ihre Haare sind … Ihre Augen sind … Sie trägt …
Die Person sieht … aus. (gut, toll, verrückt, interessant, langweilig, cool, sympathisch …)
Ich finde die Person …

**11** **Leserumfrage – Ist Mode für dich wichtig? – Welcher Modetyp bist du?**
**Lies die Leserbriefe und notiere: richtig oder falsch.**

1. Alle kaufen gerne ein.
2. Tim kauft gerne Schuhe.
3. Max findet Mode wichtig.
4. Max kauft nichts selbst ein.
5. Anna Lena kauft alles selbst ein.
6. Mirjas Mutter kauft nichts für Mirja.

## Denk nach

etwas – alles – nichts
Mirja: Meine Mutter kauft **nichts** für mich.
Lena: Manchmal kauft meine Mutter **etwas**
   für mich.
Max: Meine Mutter kauft **alles** für mich.

Und deine Mutter? – Meine Mutter ...

# Leserbriefe

Klar, Mode ist wichtig. Ich lese gerne
Modezeitschriften und gehe gerne shoppen, am liebsten mit Anna, das ist meine
Schwester. Manchmal kauft auch meine
Mutter etwas für mich, aber sie kennt
die Mode nicht so gut. Wir bekommen
60 € Taschengeld pro Monat und können unsere Kleidung selbst kaufen.
*Anna Lena, 13 Jahre, Bonn*

Ich kaufe nicht gerne Kleidung, das
ist langweilig, aber Schuhe finde ich
interessant, ich habe viele Schuhe, ich
bin ein Schuhfan. Jetzt habe ich Sportschuhe, die sind goldgelb, voll cool.
*Tim, 14 Jahre, Leipzig*

Mode? Das ist nichts für mich. Mode
finde ich langweilig. Eine Hose, ein
T-Shirt und Schuhe, Hauptsache,
bequem. Meine Mutter kauft alles für
mich. Ich gehe nicht gerne einkaufen.
*Max, 13 Jahre, Bremen*

Ich finde Mode nicht so wichtig, ich
habe meinen eigenen Stil. Ich gehe
gerne einkaufen, dann finde ich immer
etwas. Meine Mutter kauft nichts mehr
für mich. Ich möchte meine Sachen
selbst aussuchen.
*Mirja, 14 Jahre, Stuttgart*

**12** **Ein Interview machen**

**a  Schreibt Fragen für ein Interview.**
**Was passt zusammen?**

1. Ist Mode          für dich wichtig?
2. Was trägst du     brauchst du für Kleidung?
3. Wer kauft         gerne?
4. Was kaufst du     deine Kleidung?
5. Wie viel Geld     am liebsten?

**b  Sucht einen Interviewpartner, macht das Interview**
**und macht Notizen.**

**c  Stellt euren Interviewpartner vor.**

## Denk nach

für + Akkusativ

Mode ist wichtig für
mich (ich)      uns  (wir)
dich (du)      euch (ihr)
...    (er)      ...   (sie)
...    (sie)

## Über den Körper sprechen

Menschen haben einen Kopf, einen Mund und eine Nase, einen Bauch und einen Rücken, zwei Augen und zwei Ohren, zwei Arme und zwei Hände, zwei Beine und zwei Füße, zehn Finger und viele, viele Haare.

     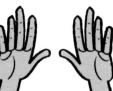

## Über Kleidung und Mode sprechen

Wie findest du die Schuhe? Ich finde sie gut.
Die Hose ist zu eng.
Das T-Shirt sieht gut aus.
Die Kappe ist nur für Jungen.
Die Hose können Mädchen nicht tragen.

Mode ist wichtig / nicht wichtig für mich.

Ich kaufe meine Kleidung selbst ein.
Meine Mutter kauft alles/etwas/nichts für mich.

## Sich und andere beschreiben

Ich bin 1,64 (ein Meter vierundsechzig) groß. Meine Haare sind blond und meine Augen braun. Ich trage gerne Jeans und T-Shirts. Im Winter trage ich manchmal ein Sweatshirt. Ich habe meistens einen Ohrring.

## Außerdem kannst du ...

... ein Lernplakat machen. ... Leserbriefe über Mode verstehen.
... ein Interview zum Thema Mode machen.

---

## Grammatik  *kurz und bündig*

**Pluralformen**
*Die Nomen mit der Endung -e bilden den Plural mit -n.*
*das Auge – die Augen*
*die Jacke – die Jacken*

**Pronomen im Akkusativ**
*Mode ist wichtig für*
**mich** *(ich) /* **dich** *(du) /* **ihn** *(er) /* **sie** *(sie)*
**uns** *(wir) /* **euch** *(ihr) /* **sie/Sie** *(sie/Sie)*

> Wie findest du meine Jacke? Ich finde sie super cool!

| | | |
|---|---|---|
| *der Pullover* | *Wie findest du **den** Pullover?* | *Ich finde ihn langweilig.* |
| *das T-Shirt* | *Wie findest du das T-Shirt?* | *Ich finde es süß.* |
| *die Jacke* | *Wie findest du **die** Jacke?* | *Ich finde sie zu eng.* |
| *die Schuhe* | *Wie findest du **die** Schuhe?* | *Ich finde sie cool.* |

# Partys

**12**

Ich habe Geburtstag und will feiern.
Ich will groß feiern, deshalb mache
ich eine Party.
Ich habe am Mittwoch (13. Mai)
Geburtstag und die Party ist am
Freitag.
Ich will lange feiern, deshalb fangen
wir um 6 Uhr an.
Bei mir zu Hause: **Rosenweg 3**
**Thea**
PS: Sagt mir kurz: ich komme oder
(GRRRR, Heul!) nicht.

## Das lernst du

* Jemanden einladen
* Glückwünsche
* Eine Party planen
* Über die Party sprechen
* Über die Vergangenheit sprechen

Am Freitag werde
ich √196 Jahre alt.
Die Party ist in der
Florianstraße 45:3 + 1.
Beginn √9 + 4 Uhr.
Albert

Hi, Eini!
Ich wünsche dir ∞
viel Glück. ⊠ viel
Stress, aber < Spaß.
Tessa

hi Thea, alles liebe
zum * blöd – aber ich
kann nicht kommen,
mein onkel wird 50
– grrrrrrr
ich muss da hin
– feier schön!
susi

Alles Gute zum Geburtstag.

Viel Glück und Spaß
im nächsten Jahr.

Herzlichen Glückwunsch
zum Geburtstag.

Alles Liebe! Mach weiter so!

**1 Einladungen und Glückwünsche**

**a** Sieh dir die Einladungen und Glückwünsche auf Seite 41 an. Was passt zusammen?

**b** Glückwünsche auf Deutsch, Englisch und in anderen Sprachen. Sammelt in der Klasse.

*Feliz aniversário!*    生日快乐 *(Shengri kuaile!)*    Χρόνια Πολλά για τα γενέθλιά σου!

**2 Sprechen üben**

CD 34

**a** Wer sagt was? Sieh dir die Fotos auf Seite 41 an. Hör zu und ordne zu.

**b** Hör zu und sprich nach.

**3 Telefongespräche**

CD 35

**a** Hör zu. Zu welchen Einladungen passen die Gespräche?

**b** Hör noch einmal. Wähle aus und lies die richtigen Sätze vor.

1. *Beate/Thea* ruft an.
2. Die Party ist am *Mittwoch/Freitag*.
3. Die Party fängt um *16/18* Uhr an.

4. Stefan *kommt nicht / kommt* auch.
5. Der Comic kostet 5 *Euro / 10 Euro*.
6. Fatima *geht / geht nicht* zu Einsteins Party.
7. Tim ist *gut / nicht gut* in Mathe.

**4 Jemanden einladen**

**a** Ordnet, schreibt und lest den Dialog.

> ▶ Mauser.
> ▶ Kann ich bitte Beate sprechen?
> ▶ Wer spricht?
> ▶ Hier ist die Thea.
> ▶ Ach, hallo, Thea. Moment, ich ruf Beate.
>   BEATE, kommst du mal? Telefon!

▶ Am nächsten Freitag.
▶ Hi, Beate, ich habe nächste Woche Geburtstag.
  Deshalb mache ich eine Party, kommst du?
▶ Ja klar.
▶ Silke, Stefan …
▶ So bis 10 oder halb 11. Ich muss noch meine Mutter fragen.
▶ Super! Dann bis Freitag. Tschau.
▶ Um sechs.

▶ Beate Mauser.
▶ Stefan kommt auch?
▶ Tschau.
▶ Und bis wann geht die Party?
▶ Wann?
▶ Wer kommt noch?
▶ Um wie viel Uhr?

**b** Variiert (Namen, Zeiten …) und spielt den Dialog.

**5**
CD 36

# Ein Geburtstag
**Lies den Text. Wo passen die Fotos?**

**Land und Leute**

*Das Geburtstagsfest ist in Deutschland, Österreich und der Schweiz ein wichtiges Fest. Die meisten feiern ihren Geburtstag mit der Familie und mit ihren Freunden. Besonders wichtige Geburtstage sind: 16 Jahre, 18 Jahre (Volljährigkeit) und die „runden Geburtstage" (30, 40, 50 …).*

**Thea, 13 Jahre, beschreibt ihren Geburtstag.**

## Mein Geburtstag: Teil 1 – Mittwoch

6 Uhr 45   Meine Mutter „weckt" mich. Natürlich bin ich schon lange wach. Ich bin nervös. Was bekomme ich?

6 Uhr 47   Im Wohnzimmer ist mein Geburtstagstisch. Die Geburtstagskerze brennt. Papas und Mamas Geschenke liegen auf dem Tisch. Alles ist hübsch verpackt.
Ich will gleich auspacken, aber ich muss Geduld haben. Mama, Papa und mein Bruder Oskar wollen zuerst „Hoch soll sie leben" singen.

6 Uhr 52   Ich packe die Geschenke aus. Ein super T-Shirt, neue Inliner und ein Hörbuch: „Tintenherz". Super!

7 Uhr   Ich frühstücke. Heute bekomme ich alles, deshalb gibt es sogar „Schokobrötchen". Die gibt es sonst nie. „Ungesund!", meint Mama.

7 Uhr 30   Papa fährt mich heute sogar zur Schule. Atze, Olli, Benni, Beate und alle gratulieren.

14 Uhr   Wieder zu Hause. Ein „Geburtstagskind" muss keine Hausaufgaben machen, deshalb kann ich faul sein und „Tintenherz" hören, bis die Verwandten kommen.

15 Uhr   Opa, Oma, Tante Inge und Onkel Harald kommen zum Kaffee. Sie schenken Geld. Ich möchte eine Digitalkamera kaufen.

CD 37

## Mein Geburtstag: Teil 2 – Freitag

14 Uhr   Ich muss die Party vorbereiten: Getränke kaufen, Geschirr hinstellen. Mama macht die Salate. Oma bringt Kuchen.

17 Uhr   Die Gäste kommen: 8 aus meiner Klasse, 5 Freundinnen, mein Cousin Ralf und meine Cousine Sarah. Geschenke: eine CD, ein Buch, Geld für die Digi. Meine beste Freundin, Silke, hat ein Fotoalbum für mich.

17.30 Uhr   Erst gibt es Kuchen. Dann machen wir Spiele.

19.00 Uhr   Es gibt Würstchen mit Kartoffelsalat oder Nudelsalat, Wurst- und Käsebrötchen.
Dann hören wir Musik. Einige tanzen. Ich tanze mit Ron. Ich mag ihn sehr. Er ist lustig, klug und sehr nett. Später gucken einige (Jungs!) DVD und die anderen quatschen.

23 Uhr   Alle gehen nach Hause. Silke und Steffi schlafen hier. Es ist noch nicht spät, aber wir sind hundemüde. Deshalb gehen wir ins Bett und hören noch ein bisschen „Tintenherz". Es ist sehr gemütlich.

**6** **Dein Geburtstag**

**a Schreib über deinen Geburtstag: morgens, vormittags, mittags, nachmittags, abends – Familie, Freunde, Geschenke?**

Glückwunschanrufe/-briefe/E-Mails bekommen –
in der Schule Süßigkeiten austeilen –
Party (Wer? Wann? Wie lange? Was? …)

> *7 Uhr*
> *Ich stehe auf und frühstücke.*
> *Meine Eltern sind schon zur Arbeit.*

**b Wähle fünf Fragen aus. Frag in der Klasse.**

Wann stehst du am Geburtstag auf? • Wann bekommst du deine Geschenke? • Singt jemand ein Geburtstagslied? • Kommen Verwandte zum Geburtstag? • Feierst du am Geburtstag oder am Wochenende? • Feierst du zu Hause? • Macht ihr Spiele? • Was esst ihr? Was trinkt ihr? • Hört ihr Musik? Was hört ihr? • Tanzt ihr?

 **7** **Deshalb**

**a Lies die Karte auf Seite 41 und den Text auf Seite 43. Lies die Sätze mit *deshalb* vor.**

### Denk nach

|  |  | Position 2 |  |  | Ende |
|---|---|---|---|---|---|
|  | Ich | kann |  | „Tintenherz" | hören. |
| Ich habe keine Hausaufgaben, | deshalb | kann | ich | „Tintenherz" | hören. |
|  | Ich | gehe |  | gleich ins Bett. | |
| Ich bin hundemüde, | deshalb | … | … | gleich ins Bett. | |

**b Verbinde die Sätze mit *deshalb*.**

1. Ich will bis Mitternacht feiern. Ich feiere am Wochenende.
2. Ich will richtig feiern. Ihr müsst alle kommen.
3. Ich fotografiere gern. Ich will einen Fotoapparat kaufen.
4. Ich spare für einen Fotoapparat. Ich bekomme Geld von Opa und Oma.
5. Alle haben Hunger. Es gibt Kartoffelsalat mit Würstchen.
6. Meine Freunde tanzen gern. Musik ist wichtig.

### Lernen lernen

*Wie lernst du? Notiere eine Woche lang deine Arbeitszeiten. Mach eine Tabelle.*

*Überlege – Wo bist du gut: Mathe, Deutsch …?*
*Wo musst du mehr arbeiten: Englisch, Physik …?*
*Mache einen Arbeitsplan für eine Woche und setze Prioritäten:*
*sehr wichtig ⇨ wichtig ⇨ nicht so wichtig.*

*Nicht vergessen:*
*Pausen sind wichtig:*
*30 Minuten lernen, 5 Minuten Pause.*

**Montag** Hausaufgaben: 90'
Lernen: Wörter Deutsch 10', Englisch 10', …
**Dienstag** Hausaufgaben: 60'
Lernen: – (Fußballtraining)
…
**Mittwoch**

00:30:00 ( HH:MM:SS )

05:02.4

Starten

## 8 Projekt: Eine Party planen

**a** Ihr wollt eine Party machen. Ihr müsst Essen und Trinken besorgen und ihr braucht Geschirr. Arbeitet in Gruppen. Jede Gruppe macht einen Plan.

1. Wer kann was besorgen?
2. Wer kauft was ein?
3. Wie viel kostet das?
4. Wer muss wie viel bezahlen?
5. Wer hat Musik?
6. Was wollt ihr machen: tanzen, singen, spielen ...?

Geschirr/Besteck

Essen/Trinken

Limonade: wie viel Flaschen?

Wasser: wie viel Liter (l)?

das Glas, "-er

der Teller, -

das Messer, -

die Gabel, -n

Orangensaft, Apfelsaft: wie viel Liter/Flaschen?

Käse/Wurst: 500 Gramm (g) 1/2 Kilo (ein halbes Kilo)

Brot: 5 kg

Kuchen: wie viele?

Wir brauchen etwas Vegetarisches. Sandra, Steffi und Karen essen kein Fleisch und keinen Fisch.

Wurst und Käse können wir bei ... billig bekommen.

Wir brauchen Musik. Wer kann eine Musikanlage mitbringen?

Wollen wir Spiele machen?

Geschirr/Besteck
20 Gläser: Silke 10 / Robert 10.
20 Teller: ...

Essen
Käse-/Wurstbrötchen: 20 Stück
(250 g Gouda-Käse, 250 g Salami, 200 g Butter)
Salate: ...

**b** Stellt eure Partys vor. Diskutiert: Was ist gut? Was fehlt? – Wer hat die beste Party?

**9** Über ein Fest erzählen

CD 38

**a Hört den Dialog und ergänzt die Sätze 1–8.**

Silke      Wo warst du denn gestern?
Robert    Zu Hause. Warum?
Silke      Gestern war die Party von Thea. Sie hatte echt super
               Essen und klasse Musik.
Robert    Oh, ja … – Ich hatte keine Zeit.
Silke      Du hattest keine Zeit? Ach, komm …
Robert    Mm, ja – eigentlich war es so: Meine Mutter war sauer.
               Mathe 5 und so … Ich hatte total Stress.
               Wie war die Party?
Silke      Einfach super. Wir hatten echt viel Spaß. Es war richtig gut.
Robert    Waren Beate und Stefan da?
Silke      Ja, die beiden waren richtig gut drauf und hatten viel
               Spaß zusammen.
Robert    Wie?
Silke      Ach, nichts.
Robert    Wart ihr allein oder waren Theas Eltern auch da?
Silke      Nein, sie hatten Theaterkarten, waren bis um 10 Uhr weg.

1. Gestern war …     3. Seine Mutter war …     5. Alle hatten viel …     7. Theas Eltern waren …
2. Robert war …     4. Die Party war …     6. Beate und Stefan waren …     8. Das Essen und die
                                                                         Musik waren …

**b Ergänze die Verbformen im „Denk nach".**

**c Schreib die Sätze im Präteritum.**

Mein Geburtstag ist super.      Ich habe viele Gäste.
Das Essen ist gut.      Hast du gute Musik?
Die Musik ist klasse.      Seid ihr bei dir zu Hause?
Sind deine Eltern zu Hause?      Habt ihr Spaß?

**d Spielt den Dialog.**

> ### Denk nach
> **Sein und haben im Präteritum**
>
> | | | |
> |---|---|---|
> | ich/er/es/sie | war | hatte |
> | du | w…st | h…est |
> | wir/sie/Sie | w… | h…en |
> | ihr | w… | hattet |

*Mein Geburtstag war super.*

**10** Phonetik: *a – ä – e – i* lang

CD 39
CD 40

**a Hör zu und betrachte die Abbildungen. Sprich nach.**

aaa

Abend

äää

der Käse

eee

leben

iii

der Brief

CD 41

**b Hör zu und sprich nach.**

Wie geht's? – Später am Abend gibt's Käse. – Wir singen das Lied „Hoch soll er leben".

**11** **Was war gestern, vorgestern, letzte Woche ...?**

**a** Würfle zweimal, bilde eine Frage im Präteritum. Dein Partner / Deine Partnerin antwortet.

| 1 | 2 | 3 | 4 | 5 | 6 |
|---|---|---|---|---|---|
| gestern | vorgestern | letzte Woche | letzten Monat | letztes Jahr | letzten Juli / ... |
| in der Schule sein | krank sein | Ferien haben | Training haben | Grippe haben | im Kino sein |

Warst du gestern im Kino?

Nein, ich war zu Hause.

Hattest du letzten Monat Training?

Ja, ich hatte jede Woche Training.

**b** Schreibt je drei Fragen über die Vergangenheit. Sammelt die Fragen. Bildet zwei Gruppen.
Einer/Eine liest die Fragen vor. Welche Gruppe kann die meisten Fragen beantworten?

Wann war Ostern?

Wann hatten wir Sommerferien?

Wann hatte ... Geburtstag?

Warum hatten/ waren wir ...?

Wer war vor zwei Jahren Mathelehrer?

Wo ...?

**12** **Gestern ist schon lange her**

CD 42 **Hör das Lied. Wo passen die Fotos?**

Gestern ist schon lange her.
Gestern war gestern –
ist heute nicht mehr.

Gestern war ich froh.
Gestern hatte ich Spaß.
Heute bin ich traurig.
Gestern — wann war das?

Gestern warst du bei mir.
Gestern warst du mein Freund.
Dann hatten wir einen Streit.
Heute bin ich allein.
Und du bist so weit.

Gestern ist schon lange her.
Gestern war gestern –
ich vermisse dich – sehr.

## Jemanden einladen

Liebe/r ...,
am ... habe ich Geburtstag.
Ich feiere am ...
Zur Party lade ich dich herzlich ein.
Sie beginnt um ... und ist um ... zu Ende.
Liebe Grüße
...

Hi, Beate, ich habe ... Geburtstag.
Ich mache eine Party. Kommst du?

## Glückwünsche

Herzlichen Glückwunsch zum Geburtstag.
Alles Liebe! Mach weiter so.

Ich wünsche dir viel Glück.
Bleib so, wie du bist.

## Über eine Party sprechen

Gestern war die Party von Thea.
Stefan und Beate waren richtig gut drauf.
Das Essen und die Musik waren klasse.

Sie hatte super Essen.
Wir hatten viel Spaß.

## Über die Vergangenheit sprechen

Wo warst du (denn) gestern / am Mittwoch?
Hattest du letzten Montag Training?

Ich war im Kino. / Ich hatte keine Zeit.
Ja. / Nein, ich war krank / ich hatte Grippe.

## Außerdem kannst du ...

... einen Text über einen Geburtstag verstehen.
... eine Einladung schreiben.
... eine Party planen.
... einen Liedtext verstehen.

Gestern Nacht
hatte ich keine Zeit.

## Grammatik     kurz und bündig

### Satzverbindungen: deshalb

|  |  | Position 2 |  |  | Ende |
|---|---|---|---|---|---|
|  | Ich | kann |  | Computer | spielen. |
| Ich muss nicht lernen, | deshalb | kann | ich | Computer | spielen. |

### Präteritum: sein und haben

| ich/er/es/sie | war | hatte |  | wir/sie/Sie | waren | hatten |
|---|---|---|---|---|---|---|
| du | warst | hattest |  | ihr | wart | hattet |

### Zeitangaben der Vergangenheit

| letztes Jahr | letzten Monat | letzte Woche | vorgestern | gestern | heute |
|---|---|---|---|---|---|
| im letzten Jahr | im letzten Monat | in der letzten Woche | | | |

Letzte Woche **war** ich krank.
Letzten Monat **hatten** wir Ferien.

Heute habe ich Training.
Jetzt haben wir wieder Schule.

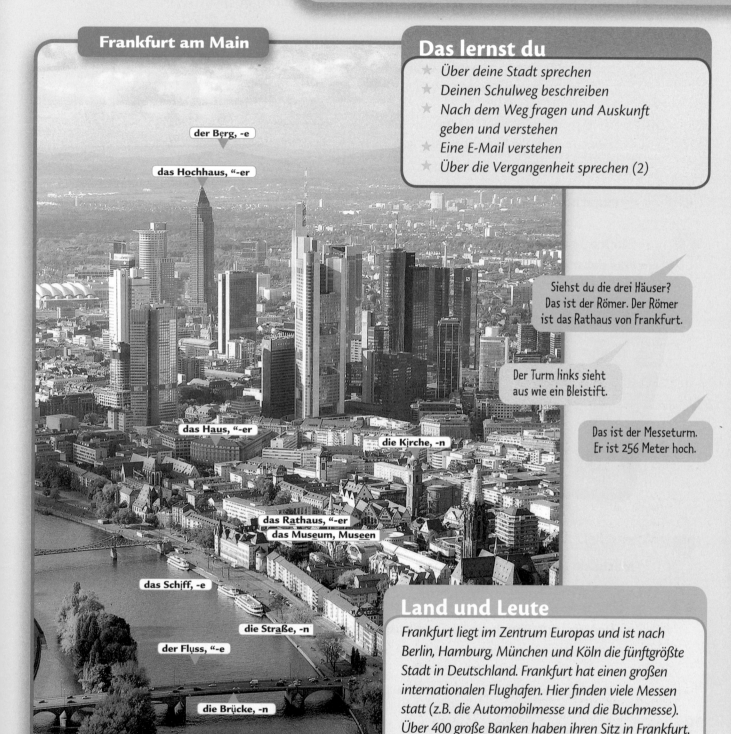

**Frankfurt am Main**

der Berg, -e

das Hochhaus, "-er

das Haus, "-er

die Kirche, -n

das Rathaus, "-er

das Museum, Museen

das Schiff, -e

die Straße, -n

der Fluss, "-e

die Brücke, -n

Siehst du die drei Häuser? Das ist der Römer. Der Römer ist das Rathaus von Frankfurt.

Der Turm links sieht aus wie ein Bleistift.

Das ist der Messeturm. Er ist 256 Meter hoch.

## Das lernst du

★ Über deine Stadt sprechen
★ Deinen Schulweg beschreiben
★ Nach dem Weg fragen und Auskunft geben und verstehen
★ Eine E-Mail verstehen
★ Über die Vergangenheit sprechen (2)

## Land und Leute

Frankfurt liegt im Zentrum Europas und ist nach Berlin, Hamburg, München und Köln die fünftgrößte Stadt in Deutschland. Frankfurt hat einen großen internationalen Flughafen. Hier finden viele Messen statt (z.B. die Automobilmesse und die Buchmesse). Über 400 große Banken haben ihren Sitz in Frankfurt. Die Stadt ist auch der Geburtsort des berühmtesten deutschen Dichters: Johann Wolfgang von Goethe ist 1749 hier geboren. Interessante Webadressen: www.frankfurt.de; www.maintower.de; www.alte-oper.de; www.eintracht.de.

**1** **Eine Stadtführung: Frankfurt**

**a** Sieh dir das Foto auf Seite 49 an und lies „Land und Leute".

CD 43 **b** Hör zu und such auf dem Foto S. 49. Welche 2 Wörter hörst du nicht?

**c** Richtig oder falsch? Notiere.

1. In den Hochhäusern kann man wohnen.
2. In den Hochhäusern sind Büros von Firmen und Banken.
3. Der Messeturm ist 256 Meter hoch.
4. Frankfurt hat keine historische Altstadt.
5. Die Paulskirche ist modern.

6. Das Rathaus in Frankfurt heißt „Der Römer".
7. Der Fluss in Frankfurt heißt Rhein.
8. Auf der anderen Seite vom Fluss ist eine andere Stadt.
9. Das Filmmuseum ist auf der anderen Seite vom Fluss.

CD 44 **d** Plural hören – Singular mit Artikel sagen.

**2** **Blick aus dem Fenster zu Hause / in der Schule.**
**Was siehst du?**

**Denk nach**

*es gibt + Akkusativ*

*In Frankfurt gibt es eine Altstadt.*
*In Frankfurt gibt es ein... Fluss.*

Man kann viele Häuser sehen.

das Auto • der Bus • der Fluss • die Fabrik • der Sportplatz

Man kann zwei Straßen sehen. Es gibt viele/wenige Autos und manchmal fährt ein Bus.

Bei uns in ... gibt es einen Fluss, aber man kann ihn nicht sehen.

**3** **Eure Stadt**
**Macht ein Lernplakat zu eurer Stadt.**

**4** **Phonetik: Ich-Laut und Ach-Laut**

CD 45 **a** Der Ich-Laut: Sprich ein *jjjj* und flüstere ohne Stimme: *ch*. Hör zu und sprich nach.

Ich möchte nicht, möchtest du vielleicht?   Die Kirche ist gleich hier rechts.

CD 46 **b** Der Ach-Laut: Hör zu und sprich nach.

ein Hochhaus bei Nacht   Wir suchen und machen und wollen auch lachen.

**c** Ergänze die Regel.

Nach *a, o, ...* und *au* spricht man den Ach-Laut: *lachen, hoch, suchen, auch.*

**5** Wohnorte: Ein Schüler und eine Schülerin erzählen
**Ordne die Bilder den Texten zu.**

▶ **Text 1:** Da links in dem Haus wohnen wir, im 2. Stock, das 2. Fenster von links, das ist mein Zimmer. Ich wohne gerne in Frankfurt. Hier ist immer was los und man kann toll shoppen gehen. Ich gehe auch gerne ins Filmmuseum, das ist am Main. Ich gehe in die Ernst-Reuter-Schule. Ich brauche morgens ungefähr 25 Minuten. Zuerst muss ich zur Haltestelle gehen, dann nehme ich den Bus und fahre drei Stationen, dann noch zwei Stationen mit der U-Bahn und zum Schluss muss ich noch fünf Minuten zu Fuß zur Schule gehen. In der U-Bahn treffe ich meistens meine Freundin.

▶ **Text 2:** Ich wohne mit meinen Eltern hier in dem Haus. Wir haben einen Garten hinter dem Haus, aber er ist sehr klein. Nachmittags fahre ich gerne in die Stadt, ins Zentrum. Da treffe ich meine Freunde und wir fahren Skateboard. Meine Schule ist das Lessinggymnasium. Das ist ganz in der Nähe. Ich kann mit dem Fahrrad fahren, aber im Winter fahre ich mit dem Bus, drei Stationen, und dann muss ich noch ein paar Minuten zu Fuß gehen.

**6** Schulwege
**Beschreibe deinen Schulweg.**

Ich brauche … Minuten (bis) zur Schule.
Ich fahre meistens/immer mit …
Zuerst …, dann …, zum Schluss …
Im Sommer fahre ich …
Im Winter …
Mein Vater bringt mich zur Schule. Wir fahren …

> **Denk nach**
>
> *mit + Dativ*
>
> mit **dem** (Schul)bus fahren
> mit d… Fahrrad fahren
> mit d… U-Bahn fahren
>
> ! *zu Fuß gehen*

**7**

CD 47

**Fremd in der Stadt – nach dem Weg fragen**

**a** Hör zu und lies mit. Wohin möchte Jasmin?

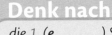
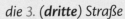

▶ Entschuldigung, wie komme ich zu …?

▶ Das ist ganz einfach. Geh hier geradeaus. Dann gehst du die zweite Straße rechts und dann die erste Straße links. Auf der linken Seite ist ein Hotel und rechts neben dem Hotel ist …

▶ Also, hier geradeaus, dann die zweite rechts und dann links.

▶ Genau.

▶ Danke schön!

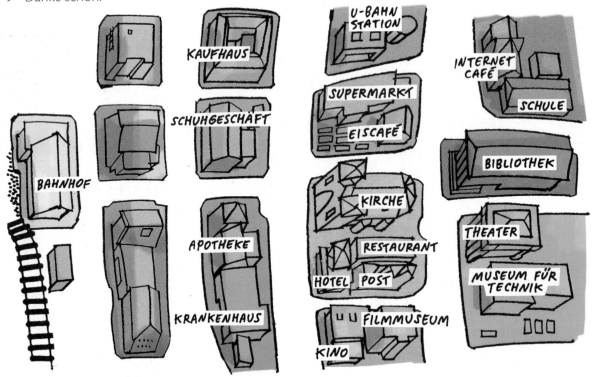

CD 48

**b** Hör zu und betrachte den Stadtplan. Wo sind sie? Wohin wollen sie? Zeige den Weg.

**8**
CD 49

### Sprechen üben: wichtige Wörter betonen
**Hör zu und sprich nach.**

| | | |
|---|---|---|
| Supermarkt? | zum Supermarkt? | Wie komme ich zum Supermarkt? |
| geradeaus | die Straße geradeaus | Du gehst die Straße geradeaus. |
| rechts | die erste Straße rechts | Geh die erste Straße rechts. |
| links | die zweite Straße links | Dann gehst du die zweite Straße links. |
| der Supermarkt. | Auf der linken Seite | Auf der linken Seite ist der Supermarkt. |

 **9**

### Am Bahnhof
**Schreibt und spielt Dialoge.**

▶ Wie komme ich zur Post? / zum Museum? / …
▶ Das ist ganz einfach.
Geh die Straße rechts/links/geradeaus.
Dann … Da ist …

auf der linken Seite ist … / auf der rechten Seite …
links/rechts neben der Post ist …

 **10**

### Präpositionen mit Dativ
**a Lerne den Merkspruch.**

**Lernen lernen**

In **Vonseitnachzu**          und          **Ausbeimit …**

VONSEITNACHZU          DATIV          AUSBEIMIT

*… bleibt man mit dem Dativ fit.*

**b Ergänze die Dativformen.**

Wo ist die Post? – In der Nähe v.. Bahnhof.
Und wie komme ich zu.. Bahnhof?
Wo bist du in den Ferien? – Bei d.. Oma.
Und wie fährst du zu. Oma?
Mit d.. Zug.

**Denk nach**

Präposition + Artikel im Dativ
der/das ⇨ dem          die ⇨ der

| | |
|---|---|
| zu dem = zum | zu der = zur |
| bei dem = … | bei der |
| von dem = … | von der |
| mit dem | mit der |

## 11 Ein Wochenende in Frankfurt

Lies die E-Mail und ordne die Fotos von der Stadtbesichtigung in der richtigen Reihenfolge.
Wo haben die Mädchen ihre Tüte verloren?

Absender: alina.nuber@btx.com
Objekt:
Datum: 5. Dezember  15:32:21 MESZ
Adresse: familienuber@wet.de

Liebe Mama, lieber Papa,
viele Grüße aus Frankfurt. Uns geht's gut, wir haben schon viel gemacht. Gestern waren
wir auf dem Maintower. Der Maintower ist 198 m hoch. Der Blick über Frankfurt bei Nacht
war toll! Dann haben wir auch noch im Restaurant auf dem Maintower gegessen. Heute morgen
haben wir erst eine Stadtbesichtigung gemacht. Wir haben den Römer (das ist das Rathaus)
gesehen. Dann waren wir in der Börse. Celine hat mit dem Handy ein Foto gemacht. Mittags
waren wir auf der „Zeil", das ist eine große Einkaufsstraße, da gibt es viele Geschäfte.
Celine hat einen MP3-Spieler gekauft und ich habe ein tolles Kleid gesehen, aber das war
zu teuer: 99€! Schade! Ich habe dann einen Pullover gekauft. Der sieht auch cool aus.
Nachmittags waren wir erst im Goethehaus, dann im Filmmuseum und zum Schluss noch auf dem
Weihnachtsmarkt. Alina hat ein Lebkuchenherz gekauft.
Seht ihr uns auf den Fotos?
Viele Grüße auch von Tante Uta, Onkel Peter, Christopher und Marie
eure
Alina und Celine
PS: Wir haben unsere Tüte verloren! Der Pullover und der MP3-Spieler sind weg!

**Über die Vergangenheit sprechen**

**a** Wiederholung: Vergangenheit mit den Verben *sein* und *haben*.
Such alle Sätze mit *war* und *hatte* und lies vor.

*Gestern waren wir auf dem Maintower.*

**b** Vergangenheit mit anderen Verben: das Perfekt.
Diese Formen heißen Partizip. Wie heißt der Infinitiv?

gegessen
gekauft
gesehen
gemacht
verloren

*verlieren*

**Denk nach**

| Gegenwart | Vergangenheit |
|---|---|
| Heute kaufe ich eine Hose. | Gestern habe ich ein T-Shirt gekauft. |
| Heute esse ich zu Hause. | Gestern ... ich im Restaurant ... |

*Die meisten Verben bilden das Perfekt mit „haben".*

**c** Satzbauplan – Mach eine Tabelle im Heft mit den Perfekt-Sätzen aus dem Brief.

| | Position 2 | | Ende |
|---|---|---|---|
| Wir | haben | schon viel | gemacht. |
| Dann | haben | wir im Restaurant | ... |

 **Verloren und gefunden**

CD 50

**a** Ergänze die Partizipien.

gefunden – gehabt – gekauft – gesehen – gesehen – verloren – verloren

▶ Wart ihr nicht gestern im Filmmuseum? Ich habe euch [1].
  Ihr hattet eine rote Tüte.
▶ Ja, wir haben sie [2]!
▶ Ich habe sie [3] – im Filmmuseum, neben dem Auto.
▶ Wirklich? Dann haben wir eine Chance, schnell zum Filmmuseum.

▶ Guten Tag, wir haben gestern eine Tüte im Museum [4].
  Haben Sie die Tüte [5]?
▶ Und was ist in der Tüte?
▶ Ein Pullover und ein MP3-Spieler. Die haben wir gestern neu [6].
▶ Da habt ihr Glück [7]. Hier ist die Tüte.
▶ Gott sei Dank! Danke schön.
▶ Vielen Dank, du bist echt nett. Möchtest du ein Eis essen?
  Wir laden dich ein.
▶ ...

**b** Lest die Geschichte zu viert. Wie geht es weiter?

## Über deine Stadt sprechen

Meine Stadt ist sehr groß. Hier gibt es viele Hochhäuser.

## Deinen Schulweg beschreiben

Ich brauche 20 Minuten bis zur Schule. Ich gehe erst zu Fuß zur U-Bahn.
Da treffe ich meine Freundin. Dann fahren wir drei Stationen und zum Schluss
müssen wir noch einmal fünf Minuten zu Fuß gehen. Im Winter fahre ich mit dem Bus.

## Nach dem Weg fragen und Auskunft geben und verstehen

Entschuldigung, wie komme ich zum Bahnhof?
Geh / Gehen Sie hier geradeaus / die erste / die zweite / die dritte Straße rechts/links.
Auf der rechten Seite / auf der linken Seite siehst du / sehen Sie den Bahnhof.

## Über die Vergangenheit sprechen

Gestern war ich in Frankfurt. Ich habe das Goethehaus gesehen und dann habe ich einen Pullover gekauft.
Wir waren auch auf dem Maintower. Der Blick über Frankfurt war toll.
Abends haben wir im Restaurant gegessen.

## Außerdem kannst du ...

... ein Lernplakat über deine Stadt machen.
... eine Stadtbeschreibung verstehen.
... eine E-Mail verstehen.

## Grammatik                              kurz und bündig

**Präpositionen mit Dativ**
*Ich bin schon seit einer Woche in Frankfurt.*
*Ich wohne bei der Tante.*
*Meine Cousine kommt erst um 13 Uhr aus der Schule.*
*Nach dem Frühstück gehe ich shoppen.*
*Ich möchte mit der U-Bahn fahren.*
*Wie komme ich zur U-Bahn?*

Merkspruch:    In Vonseitnachzu und Ausbeimit
               bleibt man mit dem Dativ fit.

**Perfekt – Satzklammer**

|       | Position 2: konjugierte Form von haben |                           | Ende: Partizip |
|-------|----------------------------------------|---------------------------|----------------|
| Ich   | habe                                   | in Frankfurt Sportschuhe  | gekauft.       |
| Lea   | hat                                    | ein Kleid                 | gesehen.       |
|       | Habt                                   | ihr eine Stadtführung     | gemacht?       |

essen
er/sie isst
er/sie hat
gegessen
Sie hat Pommes
gegessen.

kaufen
er/sie kauft
er/sie hat
gekauft
Er hat eine DVD
gekauft.

Verben immer so lernen.

**A**

In Deutschland, Österreich und der Schweiz kann man gut mit dem Zug reisen. Die Fahrkarten für Jugendliche sind nicht so teuer.

**1**

## Das lernst du

★ Eine Reise planen
★ Pro- und Kontra-Argumente formulieren
★ Über Ferienpläne sprechen
★ Über die Vergangenheit sprechen (3)
★ Eine Ferienpostkarte schreiben

**B**

Viele Deutsche verreisen mit dem Flugzeug. Sie fliegen z.B. nach Spanien, nach Mallorca. Sie wollen in den Ferien Sonne, Meer und Strand haben.

**2**

In Jugendherbergen kann man billig übernachten.

**C**

**3**

**4**

**5**

**6**

**D**

**GOETHE-INSTITUT**

Deutsch lernen – Spaß haben
· Spielend Deutsch lernen
· Spannende Ferien voller Sport, Kreativität und Freizeitaktivitäten verbringen
· Freundschaften schließen mit Menschen aus aller Welt
· Ein fremdes Land kennenlernen

Ich bin in den Ferien zu Hause. Dann kann ich lange schlafen, im Garten in der Sonne sitzen und mit Freunden ins Schwimmbad gehen. Das ist o.k, aber manchmal sind alle Freunde weg. Dann ist es auch langweilig.

**E**

In den Ferien fahre ich oft zu meinen Großeltern. Die wohnen in der Schweiz. Am Thuner See.

**F**

## 1 Ferien machen

**a** Schau dir Seite 57 an. Ordne die Texte und die Bilder zu.

CD 51 **b** Hör zu. Zu welchen Bildern auf Seite 57 passen die Aussagen?

1. Pedro war oft auf *Campingplätzen / in Jugendherbergen*.
2. Lili fährt gerne mit dem *Zug/Auto*.
3. Tim will *mit Freunden / mit den Eltern* nach Mallorca fliegen.
4. Tims Eltern finden seine Reisepläne *gut / nicht gut*.
5. Geraldine war in *Österreich/Deutschland* beim Deutschkurs.
6. Geraldine war in Stuttgart in einem *Museum/3-D-Kino*.
7. Nina macht oft Ferien *zu Hause / bei den Großeltern*.
8. Nina findet Urlaub im Garten *langweilig / ganz gut*.

**c** Hör noch einmal. Lies die Sätze richtig vor.

## 2 Interviews: Was machst du in den Ferien?

**Sammelt Fragen. Fragt in der Klasse, macht Notizen und berichtet.**

Fährst du weg?
  Nein, ich bleibe zu Hause. /
  Ja, ich fahre nach …
Wohin fährst du?
  Ich fahre nach …
  Ich besuche meine …
Wie lange fährst du weg?
  Zwei Wochen.
Fährst du mit den Eltern?
  Nein, ich fahre mit Freunden.
Wo schlaft ihr?
  Auf dem Campingplatz.
Was machst du in den Ferien?
  …

## Land und Leute

*Die Deutschen, Österreicher und Schweizer reisen sehr gerne. Von den Deutschen machen 70 % mindestens einmal im Jahr eine Reise von 5 Tagen oder mehr. Sie reisen am liebsten in Deutschland (Ostsee, Nordsee, Alpen). Fast genauso beliebt sind Südeuropa (Spanien, Italien, Portugal), die Türkei und Nordafrika. Auch Reisen nach Österreich, Frankreich oder Skandinavien sind sehr beliebt. Die Österreicher machen am liebsten in Südeuropa Urlaub (über 40 %) oder in Österreich (32 %). Die liebsten Reiseländer der Schweizer sind Frankreich, Italien und Deutschland.*

**3**

## Reisegepäck

**a  Seht euch die Wörter an. Was kennt ihr? Was ist neu? Malt Bilder. Die anderen raten.**

| | | |
|---|---|---|
| der Mantel | die Schuhe (Pl.) | die Hose |
| der Pullover | die Socken (Pl.) | die Tasche |
| der Fotoapparat | das T-Shirt | der Bikini |
| die Jacke | die Bluse | die Badehose |
| die Jeans | das Kleid | der MP3-Player |

**Denk nach**

*Ich nehme einen Mantel mit.*
*Ich nehme — Schuhe mit.*
*Ich nehme ... Jacke mit.*
*Ich nehme ... Socken mit.*

**b  Was wollt ihr noch mitnehmen? Macht eine Liste an der Tafel.**

**c  Kofferpacken – Spielt zu viert. Wer kann am meisten mitnehmen?**

Ich nehme einen Mantel mit.

Ich nehme einen Mantel, Schuhe, eine Hose und einen Pullover mit.

Ich nehme einen Mantel, Schuhe und eine Hose mit.

Ich nehme einen Mantel und Schuhe mit.

**4**

## Projekt: 5 Tage

**Plant eine Reise mit fünf Stationen in Deutschland, Österreich und der Schweiz. Ihr könnt alle drei Länder besuchen oder nur ein Land. Macht ein Plakat. Berichtet in der Klasse.**

Wohin? / Mit wem?
Wie reist ihr (mit dem Fahrrad/Auto/Bus / mit der Bahn)?
Wo schlaft ihr? (in der Jugendherberge /
    auf dem Campingplatz / bei Freunden)?
Was wollt ihr machen?
Wie sieht euer Gepäck aus?

Hier findet ihr Informationen zu Jugendherbergen in Deutschland (djh.de), Österreich (jungehotels.at) und der Schweiz (youthhostel.ch).

**5 Tage**
**Montag: Wien**
Reise:            Zug
Aktivitäten:   Stephansdom, Prater
Schlafen:        Jugendherberge

**Dienstag: München**
Reise:            Zug
Aktivitäten:   ...

**5**

CD 52

**Deutschlernen in den Ferien**

**a Hör den Dialog. Welche Aussagen passen zum Dialog von Lia und Paul?**

1. Pauls Bruder war zum Deutschlernen in Deutschland.
2. Der Kurs war in Norddeutschland.
3. Lia findet Deutschlernen in den Ferien super.
4. Man hat Unterricht, aber es gibt auch Freizeitaktivitäten.
5. In der Freizeit geht man immer ins Museum.
6. Lia findet das Freizeitprogramm interessant.
7. Paul will auch einen Kurs machen.

**b Schreibt die anderen Aussagen neu.**

**c Lies den Tagesablauf. Wie findest du das Programm?**

```
Tagesablauf

   7.30 Uhr     Wecken
   8.15 Uhr     Frühstück
 9.00-10.30 Uhr Unterricht
  10.30 Uhr     Pause,
                Zwischenmahlzeit
11.00-12.30 Uhr Unterricht
12.30-13.30 Uhr Mittagessen
14.30-16.00 Uhr Unterricht oder
                Freizeitprogramm
  18.30 Uhr     Abendessen
  19.30 Uhr     Abendprogramm
  22.30 Uhr     Nachtruhe
```

> Das Programm ist gut, aber ich ...

> Es gibt zu viel / zu wenig ...

> In den Ferien möchte ich (nicht) ...

**6**

**Pro und kontra: Lernen in den Ferien**

Arbeitet in Gruppen: Notiert je drei Argumente für und gegen „Lernen in den Ferien". Sammelt an der Tafel.

> Lernen in den Ferien? Das ist doch verrückt! Oder?

**PRO**
Deutschlernen in Deutschland kann Spaß machen.
Man lernt und man ...
Lernen ohne Schule, das...

**KONTRA**
Wir wollen in den Ferien...
Wir können nicht...
Wir brauchen...

Mercedes-Benz-Museum

Wilhelma

**7　Der Deutschkurs hat einen Ausflug gemacht**

**a　Lest den Text.**

Unser Tagesausflug nach Stuttgart

Wir haben am 12. August eine Reise nach Stuttgart gemacht.
Stuttgart hat viele Sehenswürdigkeiten und wir haben viel gesehen. Wir
haben das superneue Mercedes-Benz-Museum und die Wilhelma gesehen.
Die Wilhelma ist ein Zoo und ein Park. Zuerst waren wir im Mercedes-Benz-
Museum. Dort gibt es viele schöne Autos. Wir haben neue Autos und sehr
alte Autos gesehen. Es gibt auch ein Geschäft. Dort haben wir kleine Autos
und viele Sachen von Mercedes-Benz gekauft. Ich finde das Museum toll.
Dann ist eine Gruppe in ein Kunstmuseum gegangen, eine andere Gruppe
hat eine Stadtrallye gemacht und einige Schüler waren beim Fußball: Der VfB
Stuttgart hat gegen den 1. FC Nürnberg gespielt. Wir sind in die „Wilhelma"
gegangen.

*Ana Arduz (Santa Cruz de la Sierra, Bolivien)*

**b　Was haben die Jugendlichen gemacht?
Notiere die Aktivitäten aus dem Text.**

**8　Über die Vergangenheit sprechen: Perfekt**
**Notiere aus dem Text alle Verbformen mit *ge-*.**

**9　Phonetik: *ng***
CD 53
**a　Hör zu und sprich nach. Man darf kein *g* hören! •**

singen – gesungen　　anfangen – angefangen　　gehen – gegangen

**b　Fragt und antwortet. Achtet auf das *ng*!**

Wohin bist du am Montag gegangen? – Ich bin in die Schule gegangen.
Wohin bist du am Dienstag gegangen?
ins Kino – ins Schwimmbad – in die Disco – in die Stadt – shoppen – zu Hannah – zum Fußball - …

**Denk nach**

| regelmäßig | machen | gemacht |
| | kaufen | ...kauf... |
| unregelmäßig | fahren | ge*fahren* |

**10　Bewegung oder nicht: *haben* oder *sein*?**

**a　Lest die Sätze. Zu welchen Sätzen passen die Bilder?**

1. Ich bin nach Basel gefahren.
2. Wann ist Felix nach Spanien geflogen?
3. Ron hat in der Schweiz Ferien gemacht.
4. Ich habe in den Ferien viel gelesen und geschlafen.
5. Silke ist ins Schwimmbad gegangen.
6. Wir sind nach Hause gelaufen.
7. Um wie viel Uhr seid ihr nach Hause gekommen?

**Denk nach**

Die meisten Verben bilden das Perfekt mit …
Verben mit Bewegung/Veränderung bilden
das Perfekt mit …
Beispiele: fahren, f..., g..., k..., l...

**b　Schreibe je einen Satz im Perfekt mit den Verben:**

kaufen, sehen, kommen, spielen, lesen, fahren, gehen, lernen

## Lernen lernen

Unregelmäßige Verben ab jetzt immer so lernen:

> fahren er/sie fährt
> er/sie ist gefahren
> sie ist in die stadt gefahren.

Macht Lernkarten und übt in Gruppen. •
gehen – fahren – fliegen – kommen –
lesen – raten – schreiben – sprechen

> gehen
>
> er/sie geht
>
> sie ist gegangen – fliegen ...
>
> er/sie ...

**11** **Sprechen üben – lange Sätze machen**

CD 54

**a Hör zu und sprich nach.**

Ich bin gegangen.
Ich bin ins Kino gegangen.
Ich bin gestern Abend ins Kino gegangen.
Ich bin gestern Abend mit meiner Freundin ins Kino gegangen.

Ich habe gespielt – gestern – mit meiner Schwester – zwei Stunden – Tabu

Ich bin geflogen – in den Ferien – allein – nach China

**b Macht eigene lange Sätze und übt sie.**

gehen, fahren, lesen, lernen, arbeiten

**12** **Gestern – am letzten Wochenende – letzte Woche ...**

**a Ordne die Zeitangaben.**

letztes Jahr • gestern • heute • am letzten Wochenende •
letzte Woche • vorgestern • letzten Monat

> letztes Jahr ⇨ letzt...

**b Was hast du gemacht? Benutze die Verben aus der Liste. Schreib 5 Sätze über dich.**

> regelmäßig
> kaufen, lernen arbeiten, spielen, hören

> unregelmäßig
> essen, trinken, gehen, sprechen, lesen, schreiben, schlafen

> Am letzten Wochenende habe
> ich Mathe gelernt.

**c Lies alle Sätze vor. Wie viele Sätze kann dein Partner / deine Partnerin wiederholen?**

> Am letzten Wochenende hast du Mathe gelernt.
> Letzte Woche hast du ... äh ... ein T-Shirt gekauft.

**Eine Postkarte aus den Ferien**

**a Zu welchem Motiv passt der Text?**

12. Juli

Lieber Rolf, liebe Petra,

wir sind seit gestern um 10 Uhr hier. Wir sind zuerst in die Jugendherberge gegangen. Es hat geregnet und wir waren ganz traurig. Aber heute scheint die Sonne. Wir haben um 8 Uhr gefrühstückt und sind schon seit 9 Uhr unterwegs. Um zehn Uhr haben wir eine Stadtrundfahrt gemacht. Super, die Hofburg, der Stephansdom ... Dann sind wir in den Prater gegangen und zuerst mit dem Riesenrad gefahren. Vorher haben wir noch Sachertorte gegessen.

Morgen fahren wir weiter nach München.

Liebe Grüße und bis bald!

Sara & Zelika

Leon Benitz

Hafenstraße 12

20359 Hamburg

Deutschland

**b Wähl ein Postkartenmotiv aus und schreib eine Postkarte.**

## Lernen lernen

*Texte planen, schreiben, korrigieren*

1. Wörter sammeln.
2. Wörter ordnen.
3. Text schreiben (Anrede und Gruß nicht vergessen!).
4. Text korrigieren: groß/klein o.k.? Verben auf Position 2 o.k.? Präsens/Perfekt o.k.? Rechtschreibung o.k.?

## Eine Reise planen / Über Ferienpläne sprechen

Fährst du weg?

Fährst du mit deinen Eltern?

Wohin / Wie lange fährst du?

Wo schläfst du?

Ja. / Nein, ich bleibe zu Hause.

Nein, ich fahre mit Freunden.

Ich fahre nach ... Ich besuche ... / Zwei Wochen.

In der Jugendherberge. / Auf dem Campingplatz. /
Bei Freunden / Bei meinen Großeltern.

## Pro- und Kontra-Argumente formulieren

Deutschlernen in Deutschland kann Spaß machen.
Man lernt und man trifft Leute.

Ich will / Wir wollen in den Ferien nicht arbeiten.
Ich kann / Wir können nicht immer lernen.

## Über die Vergangenheit sprechen

Ich bin ins Kino gegangen.
Wir haben eine Stadtrundfahrt gemacht.
Wir haben das Museum gesehen.

## Außerdem kannst du ...

... Äußerungen zu Ferienaktivitäten verstehen.
... einen Text über Ferienaktivitäten verstehen.
... eine Ferienpostkarte schreiben.

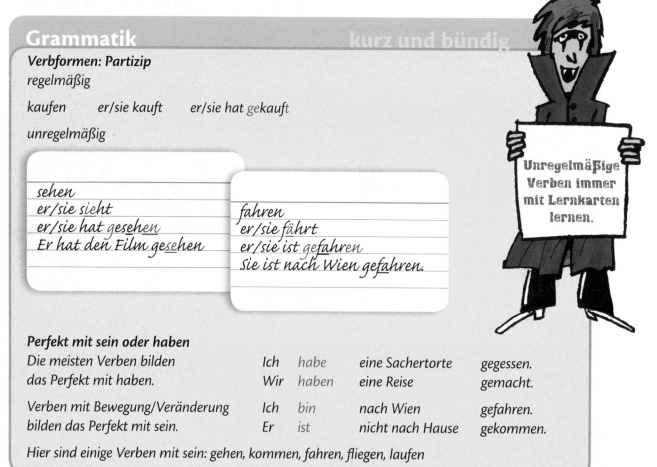

## Grammatik     *kurz und bündig*

**Verbformen: Partizip**

*regelmäßig*

kaufen     er/sie kauft     er/sie hat gekauft

*unregelmäßig*

sehen
er/sie sieht
er/sie hat gesehen
Er hat den Film gesehen

fahren
er/sie fährt
er/sie ist gefahren
sie ist nach Wien gefahren.

*Unregelmäßige Verben immer mit Lernkarten lernen.*

**Perfekt mit sein oder haben**

| | | | |
|---|---|---|---|
| Die meisten Verben bilden das Perfekt mit haben. | Ich habe | eine Sachertorte | gegessen. |
| | Wir haben | eine Reise | gemacht. |
| Verben mit Bewegung/Veränderung bilden das Perfekt mit sein. | Ich bin | nach Wien | gefahren. |
| | Er ist | nicht nach Hause | gekommen. |

*Hier sind einige Verben mit sein: gehen, kommen, fahren, fliegen, laufen*

## Die Nervensäge – Teil 2
CD 55
a  Lies und hör den Comic.
b  Spielt und variiert die Szene.

# Große Pause

## Sprechen

**Wie gut könnt ihr argumentieren? Hier sind zwei Themen.**

FAST FOOD (HAMBURGER, POMMES ...)

Haustier (Hund, Katze, Hamster ...)

### a Macht eine Tabelle im Heft und ordnet die Argumente.

Manchmal habe ich nicht viel Zeit.

Fast Food kann man schnell essen.

Es ist ein Freund. Man ist nicht allein.

Es ist nicht so teuer.

Man muss mit ihm spazieren gehen.

Es schmeckt gut.

Es ist ungesund.

Es ist „in".

Es ist teuer.

Meine Freunde essen es auch oft.

Man muss es sauber machen.

Man muss ihm zu Essen geben.

Es macht dick.

Es ist lustig.

Man kann mit ihm spielen.

Schnell essen ist ungesund.

Man muss mit ihm zum Arzt.

| Argumente PRO | | Argumente KONTRA | |
|---|---|---|---|
| Fast Food | Haustier | Fast Food | Haustier |
| | | | |

### b Könnt ihr weitere Argumente finden? Sammelt in der Klasse.

CD 56

### c Thema: Fast Food. Hört zu und spielt die Diskussion nach.

### d Thema: Haustier. Formuliert Argumente und spielt die Diskussion wie im Beispiel.

## Meine Lieblingsgrammatik
### Diese Grammatik habt ihr in diesem Buch gelernt.
**a   Schreibt die Sätze in euer Heft und ergänzt sie.**

1. Präpositionen Ort + Dativ       Die Lampe steht auf d... Schreibtisch.

2. Modalverben *müssen* und *wollen*    ... du dein Zimmer aufräumen? (müssen)
         ... wir ins Kino gehen? (wollen)

3. Imperativ       Andreas, ... endlich deine Hausaufgaben! (machen)
         Lena und Lukas ... bitte euer Zimmer ... (aufräumen)

4. Nullartikel       Magst du ... Nudeln?

5. Ja/Nein/Doch       ▶ Trinkst du nicht gerne Milch?
         ▶ ..., natürlich.

6. *man*       In Deutschland ... man gerne Brot mit Wurst und Käse. (essen)

7. Verneinung mit *nicht/kein*       Ich komme ... mit ins Kino. Ich habe ... Lust.

8. Präpositionen (temporal) *im/am/um*    Kommst du ... Samstag ... 19 Uhr mit in die Disco?

9. Singular *-e* ⇨ Pluralform *-n*       ▶ Diese Jeansjacke ist doch toll!
         ▶ Ich mag keine Jeansjacke...

10. Pronomen im Akkusativ       ▶ Wie findest du m...?
          ▶ Ich mag deinen Pullover. Ich finde ... süß.

11. Satzverbindung: *deshalb*       Ich/treffen/möchte/meine Freunde,/ins Café/deshalb/gehe/ich.

12. Präteritum *sein* und *haben*       Letzte Woche ... ich krank. Ich ... Grippe.

13. Präpositionen mit Dativ       Entschuldigung, wie komme ich ... Bahnhof?

14. Perfekt-Satzstellung       gegessen/wir/gestern/im Restaurant/haben.

15. Verbformen: Partizip regelmäßig       Daniel hat eine Reise ...mach.... /
          unregelmäßig       Er ist nach Wien ...fahr...

16. Perfekt mit *sein* oder *haben*       Ich ... gestern ins Kino gegangen und ... „Spiderman" gesehen.

**b   Was ist eure ☺-Grammatik? Was ist eure ☹- Grammatik?**
**Arbeitet zu zweit und macht Aufgaben für euren Partner /
eure Partnerin.**

Sucht im Buch Beispielsätze.
3 Beispiele für ☺-Grammatik und 1 Beispiel für ☹-Grammatik.
Schreibt die Sätze mit einer Lücke ins Heft, euer Nachbar /
eure Nachbarin muss die Sätze ergänzen.

# Große Pause

## Das Perfektspiel

**Schreibt Infinitive auf Kärtchen. Tut sie in eine Schachtel und mischt sie gut.**

– Zwei Gruppen spielen gegeneinander.
– Ein Schüler / Eine Schülerin oder der Lehrer /
  die Lehrerin zieht eine Karte und liest
  den Infinitiv vor. Wie heißt das Perfekt?
– Gruppe A muss schnell eine Antwort geben.
  Wer einen Fehler macht, spielt nicht mehr mit.
– Gruppe B macht weiter …
  Welche Gruppe hat am Ende mehr
  Schüler/innen? Sie hat gewonnen.

schreiben

## Wortschatz trainieren

**a  Ordne die Themen den Wörtern zu. Je ein Wort in a–i passt nicht.**

1. Reisegepäck
2. Körperteile
3. Fahrten
4. Obst
5. Möbel
6. Kleidung
7. Jahreszeiten
8. Sehenswürdigkeiten
9. Freizeitaktivitäten

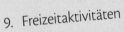

a) Kopf – Nase – Halsschmerzen – Rücken – …

b) Schuhe – Jeans – Mantel – Pullover – …

c) Museum – Rathaus – Brücke – Bushaltestelle – …

d) Fotoapparat – Postkarte – Kleidung – Schuhe – …

e) Erdbeere – Apfel – Obstjoghurt – Kirsche – …

f) Schreibtisch – Stuhl – Regal – Bild – …

g) Lernen – Schwimmen – Radfahren – Chillen – …

h) Frühling – Sommerferien – Herbst – Winter – …

i) Tagesausflug – Reise – Tagesablauf – Stadtrundfahrt – …

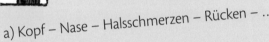

**b  Wie viele Wörter kannst du zu jedem Thema ergänzen?**

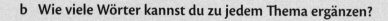

## Über den Deutschunterricht nachdenken

**Was habt ihr in Prima 2 gelernt? Was könnt ihr noch nicht so gut?**

**Probiert es zu zweit aus und notiert im Heft:**
**+ *kann ich* oder − *muss ich wiederholen* für 1– 24.**

### Einheit 8

> Ich kann ...

1 … Möbel benennen.
2 … ein Zimmer beschreiben.
3 … über Pflichten zu Hause sprechen.
4 … Anweisungen geben.

> Beschreib dein Zimmer.

> Mein Zimmer ist klein. Ich habe einen Sessel, ein Bett und einen Schreibtisch. Auf dem Schreibtisch steht mein Computer.

### Einheit 9

5 … sagen, was ich gerne / lieber / am liebsten esse.
6 … über Spezialitäten sprechen.
7 … am Imbiss verstehen und bestellen.

> Einmal Pommes, bitte.

> Mit Ketchup oder Mayonnaise?

### Einheit 10

8 … über Freizeitaktivitäten sprechen.
9 … Freizeitaktivitäten planen.
10 … Noten, Zeugnisse und Ferien vergleichen.

> In Deutschland ist die Note 1 sehr gut.

> Bei uns ist die Note 1 sehr schlecht.

### Einheit 11

11 … über den Körper sprechen.
12 … über Kleidung, Mode und Einkaufen sprechen.
13 … mich und andere beschreiben.

> Für mich ist Mode wichtig. Ich gehe gerne einkaufen. Und du?

> Ich finde nur Schuhe interessant. Kleidung kaufe ich einmal im Jahr.

### Einheit 12

14 … eine Party planen.
15 … jemanden einladen.
16 … Glückwünsche aussprechen.
17 … über eine Party sprechen.

> Herzlichen Glückwunsch zum Geburtstag!

> Danke!

### Einheit 13

18 … über meine Stadt sprechen.
19 … meinen Schulweg beschreiben.
20 … nach dem Weg fragen und Auskunft geben.

> Ich fahre meistens mit dem Fahrrad zur Schule. Und du?

> Ich fahre 3 Stationen mit dem Bus und gehe noch 5 Minuten zu Fuß.

### Einheit 14

21 … eine Reise planen.
22 … über Ferienpläne sprechen.
23 … von Ferienerlebnissen erzählen.
24 … eine Ferienpostkarte verstehen und schreiben.

> Was machst du in den Ferien?

> Ich besuche meine Großeltern in der Schweiz.

# Große Pause

## Spielen und wiederholen

**Eure Lehrerin / Euer Lehrer erklärt euch die Regeln.**

**1 Start**
Was hast du in den Weihnachtsferien gemacht? 2 Beispiele.

**2**
Was trinkst du am liebsten? 1 Beispiel.

**3**
In Deutschland isst man gern Kartoffeln. R/F?

**4**
Beschreibe deinen Tagesablauf an einem Sonntag. 3 Sätze.

**5**
Du fliegst in den Ferien nach Mallorca. 4 Sachen im Reisegepäck.

**6**
Was musst du oft/manchmal/fast nie/nie zu Hause tun? 3 Sätze.

**22**
Nenne ein Argument **pro** und eins **kontra** „Lernen in den Ferien".

**23**
Du suchst die Bibliothek. Was fragst du?

**24**
Beschreibe: dein wirkliches oder dein ideales Zimmer.

**25**
Wie ist der Plural von: Kopf, Haar, Fuß / Jacke, Kleid, T-Shirt?

**26**
Was isst du zum Frühstück? Was isst du in der Pause? Je 1 Beispiel.

**7**
Wie ist das Perfekt von: laufen, verlieren, fliegen?

**21**
Welche Körperteile haben wir zweimal? 3 Beispiele.

**36**
Gratuliere deiner Freundin zum Geburtstag!

**37**
Ergänze:
– Hast du kein Haustier?
– ..., eine Katze!

**38**
Verneine: Ich habe Lust ≠ Ich ... / Ich schwimme gern ≠ Ich ...

**27**
Wann gehst du abends ins Bett? 1 Beispiel.

**8**
„Wiener Schnitzel" ist eine Spezialität aus der Schweiz. R/F?

**20**
Wie lange musst du Hausaufgaben machen?

**35**
Ergänze:
o..., unten, rechts, l..., in der M...

**42 Ziel**
Wann beginnen die Sommerferien?

**39**
Isst du lieber Kartoffeln oder Reis?

**28**
Konjugiere: wollen

**9**
Ergänze:
Das Poster h...t a... d... Wand.

**19**
Wie kommst du zum Bahnhof/Busbahnhof?

**34**
Konjugiere: müssen.

**41**
Beschreibe deinen Schulweg

**40**
Wie findest du die Jeans auf Seite 36?

**29**
Die meisten Verben bilden das Perfekt mit „sein". R/F?

**10**
Du möchtest in den Ferien billig übernachten. Was machst du?

**18**
Wo sind die Mäuse?

**33**
Wie oft musst du dein Zimmer aufräumen?

**32**
Beschreibe dich! (Alter, Größe, Haarfarbe, Augenfarbe)

**31**
Was hast du gestern zu Mittag gegessen? 3 Beispiele.

**30**
Ergänze:
Der Papierkorb s...t z... de... Bett und de... Schreibtisch.

**11**
Was hast du in den letzten Sommerferien gemacht? 2 Beispiele.

**17**
Was machst du heute nach der Schule? 2 Beispiele.

**16**
Ergänze:
▶ ... wir ins Kino gehen? ▶ Nein, ich gehe lieber in die Disco.

**15**
In Österreich sind 8 Wochen Sommerferien. In Deutschland 6 Wochen. R/F?

**14**
Wo warst du gestern Nachmittag und was hast du dort gemacht? 2 Beispiele.

**13**
Was sagt er? Ich hatte Grippe, / in Mathe / ich / habe / viele / deshalb / Fragen.

**12**
Was sagt der Lehrer? ... bitte das Buch auf! / Peter, ... bitte an die Tafel!

## Alphabetische Wortliste

Die alphabetische Wortliste enthält alle Wörter dieses Buches mit Angabe der Einheit und der Seite, wo sie zum ersten Mal vorkommen. **Fett** gedruckte Wörter sind der **Lernwortschatz**. Bei Nomen stehen das Artikelzeichen und das Zeichen für die Pluralform. Bei Nomen, die man in Pluralform nicht oder nur selten verwendet, steht *„nur Sg."* Nomen mit Angabe *„nur Pl."* verwendet man nicht oder nur selten im Singular. Artikel in Klammern bedeutet, dass man diese Nomen meistens ohne Artikel verwendet.

Bei starken und unregelmäßigen Verben steht neben dem Infinitiv auch die Präsensform in 3. Person Sg. und die Partizipform. Trennbare Präfixe werden *kursiv* markiert.

Ein . oder ein _ unter dem Wort zeigt den Wortakzent: ạ = kurzer Vokal, a̲ = langer Vokal.

Im Arbeitsbuch findest du zu jeder Einheit eine detaillierte Auflistung des Lernwortschatzes.

### ■■ A ■■

ạb
**A̲bendessen, das, nur Sg. 9/13**
**a̲ber 9/13**
ạbhauen 10/25
ạbholen (jdn., etwas) 10/25
ạchten 14/61
A̲djektiv, das, -e 8/7
AG, die, -s (die Arbeitsgemeinschaft) 11/35
Akroba̲tik, die, nur Sg. 11/35
**akti̲v 8/7**
**Aktivitä̲t, die, -en 14/59**
**alle̲in 8/7**
**A̲ltstadt, die, "-e 13/50**
**am lie̲bsten 9/15**
**ạn 8/8**
ạn 10/23
A̲nrede, die, -n 14/63
**ạnrufen, ạngerufen 10/26**
ạnschauen 14/58
A̲nweisung, die, -en 8/5
A̲nzeige, die, -n 10/25
**Ạpfel, der, "- 9/15**
**Ạpfelsaft, der, "-e 12/45**
**Apothe̲ke, die, -n 13/52**
**Apri̲l, der 10/21**
Aqua̲rium, das, Aqua̲rien 8/7
**ạrbeiten 14/62**
A̲rbeitszeit, die, -en 12/44
A̲rgument, das, -e 14/57
**Ạrm, der, -e 11/33**
Arti̲st, der, -en 11/35
**auf 8/7**
Aufforderung, die, -en 11/34
**Auffü̲hrung, die, -en 11/35**
***auf*machen 10/22**
***auf*räumen 8/6**
**Au̲ge, das, -n 11/33**

**Augụst, der, nur Sg. 10/21**
**Ausflug, der, "-e 14/61**
Au̲skunft, die, "-e 13/56
***aus*packen 12/43**
***aus*räumen 10/24**
Au̲srede, die, -n 11/34
Au̲ssage, die, -n 10/22
**au̲ssehen, sieht au̲s, ausgesehen 11/33**
außerdem 8/12
*aus*sprechen, spricht au̲s, ausgesprochen 12/41
au̲swendig

### ■■ B ■■

**Ba̲d, das, "-er 8/11**
**Ba̲dehose, die, -n 14/59**
**Ba̲hn, die, -en 14/59**
**Ba̲hnhof, der, " -e 13/52**
**ba̲ld 10/22**
**Bạnk, die, -en 13/50**
**Bau̲ch, der, "-e 11/33**
Begịnn, der, nur Sg. 10/25
**Be̲in das, -e 11/33**
bene̲nnen, benạnnt 8/5
benụtzen 14/62
**bequẹm 11/39**
**Bẹrg, der, -e 13/49**
beschre̲iben, beschri̲eben 8/5
**besọrgen 12/45**
**Bestẹck, das, -e**
bestẹllen 9/13
**besu̲chen 8/11**
beto̲nen 13/53
beto̲nt 9/15
betrạchten 12/46
Bewe̲gung, die, -en 14/61
**bezạhlen 12/45**
**Bibliothe̲k, die, -en 13/52**

**Biki̲ni, der, -s 11/36**
bịlden 11/40
**Bịldschirm, der, -e 8/5**
**Blịck, der, -e 13/50**
**Blu̲me, die, -n 8/10**
**Blu̲se, die -n 11/36**
**Bo̲den, der, "- 8/5**
**Bo̲hne, die, -n 9/19**
**Bo̲hnensuppe, die, -n 9/16**
Bö̲rse, die, -n 13/54
**bö̲se 8/7**
brasilia̲nisch 10/22
**Bra̲twurst, die, "-e 9/18**
brẹnnen, gebrạnnt 12/43
**Bri̲efmarke, die, -n 10/22**
**brịngen, gebrạcht 13/51**
**Bro̲t, das, -e 9/13**
**Brö̲tchen, das, - 9/13**
**Brụ̈cke, die, -n 13/49**
**bụnt 11/37**
**Bu̲ro, das, -s 13/50**
**Bụs, der, -se 13/50**
**Bụtter, die, nur Sg. 9/13**

### ■■ C ■■

**Café̲, das, -s 13/52**
**Campingplatz, der, "-e 14/58**
**Chance, die, -n 13/55**
chịllen 10/22
Chi̲na, nur Sg. 14/62
**Clụb, der, -s 10/23**
Collage, die, -n 8/10
**coo̲l 10/23**
**Cou̲ch, die, -s/-en 8/8**

### ■■ D ■■

dabe̲ihaben 10/26
**Dạnk, der, nur Sg. 10/23**

Dativ, der, nur Sg. 8/9
Dativform, die, -en 13/53
Datum, das, Daten 13/54
**dauern 10/23**
**Decke, die, -n 8/5**
**deshalb 12/41**
Deutschbuch, das, "-er 8/10
**Deutschkurs, der, -e 14/58**
**Deutschlernen, das, nur Sg. 14/60**
**Dezember, der, nur Sg. 10/21**
Diabolo, das, -s 11/33
Diabolo machen 11/33
Digitalkamera, die, -s 12/43
Ding, das, -e 10/24
**Disco, die, -s 10/25**
doch 8/6
Drachenbootrennen, das, - 10/25
**draußen 10/22**
Dreiviertelhose, die, -n 11/38
drin 8/10
Durchschnittswohnung, die, -en 8/11
**duschen 12/43**

## ■■ E ■■

**echt 10/22**
**Ei, das, -er 9/13**
eigen 8/11
**eigentlich 12/46**
**ein bisschen 11/35**
**einfach 12/46**
**einige, nur Pl. 10/23**
**Einkaufsstraße, die, -n 13/54**
*ein*laden, lädt ein, eingeladen 8/7
**ein paar 10/22**
*ein*schlafen, schläft ein, ist einge-
   schlafen 8/7
Einstiegsseite, die, -n 10/22
Eintritt, der, nur Sg. 10/25
Eisdisco, die, -s 10/25
eislaufen, läuft eis, ist eisgelaufen 10/22
Eisstadion, das, -stadien 10/25
E-Mail, die, -s 10/23
Ende, das, -n 8/12
**endlich 8/6**
**eng 11/37**
**Entschuldigung, ... 13/52**
**Erdbeere, die, -n 9/13**
erfinden, erfunden 8/8
erraten, errät, erraten 10/22
**erste, der, das, die 13/52**
erzählen 12/45
**es gibt 9/13**
**es regnet 10/22**

**Essen, das, nur Sg. 9/15**
essen, isst, gegessen 9/13
Essensgewohnheit, die, -en 9/19
evangelisch 10/25

## ■■ F ■■

**Fabrik, die, -en 13/50**
fahren, fährt, ist gefahren 8/11
fahren, fährt, gefahren 12/43
**Fahrkarte, die, -n 14/62**
**Fahrradtour, die, -en 10/22**
**Fan der, -s 11/39**
**Februar, der, nur Sg. 10/21**
fehlen 12/45
**feiern 10/27**
**Fenster, das, - 8/5**
Ferien, die, nur Pl. 10/21
Ferienplan, der, "-e 14/47
Ferienpostkarte, die, -n 14/57
**Fernseher, der, - 8/10**
**Fest, das, -e 10/22**
Feuerwehr, die, -en 10/22
Film, der, -e 10/25
Filmmuseum, das, -museen 13/50
**finden, gefunden 11/36**
finden, gefunden 8/10
**Finger, der, - 11/33**
**Firma, die, Firmen 13/50**
**Fisch, der, -e 9/13**
**Flasche, die, -n 12/45**
**Fluss, der, "-e 13/49**
**Fleisch, das, nur Sg. 9/13**
**Fliegen, das, nur Sg. 11/35**
**fliegen, ist geflogen 14/57**
**Flugzeug, das, -e 14/57**
fordern 11/34
formulieren 14/64
**Fotoapparat, der, -e 12/44**
**fotografieren 12/44**
Frage, die, -n 11/34
frei 10/25
Freibad, das, "-er 10/22
Freizeitaktivität, die, -en 10/21
**Freizeitprogramm, das, -e 14/60**
**fremd 13/52**
Freundschaft, die, -en 14/57
**frisch 9/16**
**froh 8/7**
**früh 10/24**
**Frühling, der, -e 10/21**
**Frühstück, das, nur Sg. 9/13**
**frühstücken 9/15**
**Fuß, der, "-e 11/33**

Fußballprofi, der, -s 10/23

## ■■ G ■■

**Gabel, die, -n 12/45**
**gar nichts 10/23**
**Garten, der, "- 13/51**
Gast, der, "-e 12/46
geben, gibt, gegeben 8/5
Geburtstagskerze, die, -n 12/43
Geburtstagskind, das, -er 12/43
Geburtstagstisch, der, -e 12/43
Geduld, die, nur Sg. 12/43
Gefühl, das, -e 8/5
gegen 14/60
Gegensatzpaar, das, -e 11/37
gegenseitig 10/24
Gegenwart, die, nur Sg.
**gehen, ist gegangen 14/61**
**Gemüse, das, nur Sg. 9/15**
Gemüsepfanne, die, -n 9/16
**gemütlich 8/10**
**genau 13/52**
gelen 11/38
**Gepäck, das, nur Sg. 14/59**
**gerade 11/35**
**geradeaus 13/52**
**gern 9/15**
**Geschäft, das, -e 13/52**
**Geschenk, das, -e 12/43**
**Geschirr, das, nur Sg. 12/43**
**gestern 12/46**
**Glas, das, "-er 12/45**
**glauben 8/6**
gleich 13/50
**Glück, das, nur Sg. 12/41**
**Glückwunsch, der, "-e 12/41**
Goethehaus, das, nur Sg. 13/54
goldgelb 11/39
**Gott sei Dank! 13/55**
Gottesdienst, der, -e 10/25
**Gramm, das, - 12/45**
**gratulieren 12/42**
Grau, das, nur Sg. 8/7
**Grippe, die, nur Sg. 12/47**
**Größe, die, -n 11/37**
**Gruppe, die, -n 10/25**
**gut drauf sein 12/46**
**Gymnasium, das, Gymnasien 13/51**

## ■■ H ■■

**Haar, das, -e 11/33**
**Haltestelle, die, -n 13/51**
**Hamburger, der, - 9/18**

Hand, die, "-e 11/33
Handstand, der, nur Sg. 11/35
hängen, gehangen 8/8
hart 8/6
hassen 8/7
Hau ab! 10/25
Hauptsache, die, -n 11/39
helfen, hilft, h. geholfen 10/23
herausfinden, herausgefunden 10/24
Herbst, der, -e 10/21
herzlich 12/41
hin 12/41
hinstellen 12/43
hinter 8/8
historisch 13/50
hoch 13/49
Hochhaus, das, "-er 13/49
Hörbuch, das, "-er 12/43
Hose, die, -n 11/38
hübsch 12/43
hundemüde 12/43
Hunger, der, nur Sg. 12/44

### I

Imbiss, der, -e 9/18
Imperativ, der, -e 8/11
Infinitiv, der, -e 13/55
Information, die, -en 10/23

### J

Jacke, die, -n 11/36
Jahreszeit, die, -en 10/22
Januar, der, nur Sg. 10/21
Jeans, die, - 11/36
jemand 12/41
Jogurt, der, -s 9/13
Jugenddisco, die, -s 10/25
Jugendfeuerwehr, die, -en 10/22
Jugendgottesdienst, der, -e 10/25
Jugendherberge, die, -n 14/57
Jugendreise, die, -n 10/23
Juli, der, nur Sg. 10/21
Junge, der, -n 8/6
Juni, der, nur Sg. 10/21

### K

Kakao, der, nur Sg. 9/13
Kaktus, der, -se/Kakteen 8/5
Kampftanz, der, "-e, 10/22
Kantine, die, -n 9/15
Kappe, die, -n 11/36
Kartoffel, die, -n 9/13
Kartoffelsalat, der, -e 12/43

Käse, der, - 9/13
Käsebrötchen, das, - 12/43
Käsespätzle, nur Pl. 9/16
Katastrophe, die, -n 10/23
Käufer, der, - 9/19
Kaufhaus, das, "-er
kein 9/13
kennen, h. gekannt 9/14
kennenlernen 14/57
Ketchup, das/der, -s 9/18
Kilo, das, -/-s 12/45
Kinderzimmer, das, - 8/11
Kirche, die, -n 10/23
Kirchengemeinde, die, -n 10/23
klasse 12/46
Klassenstatistik, die, -en 10/24
Kleid, das, -er 8/8
Kleidung, die, nur Sg. 11/33
klettern 10/22
klingeln 10/27
klug 12/43
Kofferpacken, das, nur Sg. 14/59
konjugiert 13/56
Konzentration, die, nur Sg. 11/35
Konzert, das, -e 10/25
Kopf, der, "-e 11/33
Kopfschmerzen, die, nur Pl. 11/34
Körper, der, - 11/33
Körperteil, der, -e 11/34
Kraft, die, "-e 11/35
Krafttraining, das, nur Sg. 11/35
krank 12/47
Krankenhaus, das, "-er 13/52
Kreativität, die, nur Sg. 14/57
Küche, die, -n 8/11
Kuchen, der, - 9/13
Kunstmuseum, das, -museen 14/61
Kurs, der, -e 14/60
kurz 11/37

### L

lachen 13/50
Lampe, die, -n 8/5
Land, das, "-er 14/59
Landkarte, die, -n 9/18
lange 10/24
lange her 12/47
laufen, läuft, ist gelaufen 14/61
Lebkuchenherz, das, -en 13/54
leider 11/34
leise 8/11
lesen, liest, gelesen 14/61
Leser der, - 11/39

Leserbrief, der, -e 11/39
Leserumfrage, die, -n 11/39
letzt- 10/25
lieber 9/15
Lied, das, -er 8/7
Limonade, die, -n 12/45
Liter, der, - 12/45
lockig 11/38
lustig 12/43

### M

Mädchen, das, - 8/6
Mai, der, nur Sg. 10/21
mailen 10/23
Main, nur Sg. 13/51
mal 8/7
Mallorca, nur Sg. 14/57
Marmelade, die, -n 9/13
Marmeladenbrot, das -e 9/15
manchmal 8/11
Mantel, der, "- 11/36
März, der, nur Sg. 10/21
Mathebuch, das, "-er 8/5
maximal 10/23
Mayonnaise, die, -n 9/18
Meer, das, -e 14/57
meinen 12/43
meistens 8/6
Mensch, der, -en 11/40
Menü, das, -s 9/16
Messer, das, - 12/45
Messeturm, der, "-e 13/49
Meter, der, - 11/38
Miete, die, -n 8/11
Milch, die, nur Sg. 9/13
Mineralwasser, das, nur Sg. 9/13
mit 8/6
mitbringen, mitgebracht 12/45
mitmachen 10/22
mitnehmen, nimmt mit, mitge-
nommen 14/59
Mitschüler, der, - 11/34
Mitschülerin, die, -nen 11/34
Mittagessen, das, nur Sg. 8/11
Mitternacht, die, nur Sg. 10/25
Modetyp, der, -en 11/39
Modezeitschrift, die, -en 11/39
modisch 11/36
Möglichkeit, die, -en 11/34
Motiv, das, -e 14/63
MP3-Spieler, der, - 13/54
Mund, der, "-er 11/33
mündlich 12/41

**Museum, das, Museen 13/49**
Musikanlage, die, -n 12/45
**Müsli, das, -s 9/13**
**müssen, muss, müssen/gemusst 8/11**

### ■■ N ■■

Nachbar, der, -n
**nach Hause 10/23**
**Nachtisch, der, nur Sg. 9/16**
**Nachtruhe, die, nur Sg. 14/60**
Nähe, die, nur Sg. 13/51
**Nahrungsmittel, das, - 9/14**
**Nase, die, -n 11/33**
**natürlich 12/43**
**neben 8/8**
negativ 10/26
**nehmen, nimmt, genommen 11/37**
neutral 9/19
**nichts 9/15**
**nie 8/11**
**niemand 9/14**
**Norddeutschland, nur Sg. 14/60**
Note, die, -n 10/21
notieren 8/8
Notiz, die, -en 11/39
**November, der, nur Sg. 10/21**
**Nudel, die, -n 9/13**
**Nudelsalat, der, -e 12/43**
nun 9/19

### ■■ O ■■

oben 11/35
**Obst, das, nur Sg. 9/13**
ohne 9/18
**Ohr, das, -en 11/33**
**Ohrring, der, -e 11/36**
**Oktober, der, nur Sg. 10/21**
Oma, die, -s 13/53
**Orangensaft, der, "-e 12/45**
ordentlich 8/6
organisieren 10/23
**Ostern, das, - 12/47**

### ■■ P ■■

Pantomime, die, nur Sg. 8/7
**Papierkorb, der, "-e 8/5**
**Park, der, -s 10/22**
Partizip, das, -ien 13/55
Partner, der, - 8/10
Partnerin, die, -nen 8/10
passen 8/6
Perfekt, das, nur Sg. 13/55
**Person, die, -en 8/1**

**Pflanze, die, -n 8/6**
planen
**Pommes (frites), die, nur Pl. 9/18**
Position, die, -en 8/12
**Post, die, nur Sg. 13/52**
**Poster, das, - 8/5**
**Postkarte, die, -n 14/63**
Präsens, das, nur Sg. 8/8
Präteritum, das, nur Sg. 12/46
Priorität, die, -en 12/44
pro und kontra 14/57
**probieren 9/16**
Profi, der, -s 10/23
Pronomen, das, - 11/40
**Pullover, der, - 11/36**
pünktlich

### ■■ Q ■■

Quadratmeter, der, - 8/10
**Quark, der, nur Sg. 9/13**
Quarkdessert, das, -s 9/16
quatschen 12/43

### ■■ R ■■

Rache, die, -n 10/25
**raten, rät, geraten 14/61**
**Rathaus, das, "-er 13/49**
Rechtschreibung, die, nur Sg. 14/63
**reden 10/22**
Regel, die, -n 13/50
rein 8/10
**Reis, der, nur Sg. 9/13**
**Reise, die, -n 10/23**
**Reisegepäck, das, nur Sg. 14/59**
**Regal, das, -e 8/5**
**Restaurant, das, -s 13/52**
**Rhein, der, nur Sg. 13/50**
Riesenrad, das, "-er 14/63
**Ring, der, -e 11/36**
**romantisch 8/7**
Römer, der, hier nur Sg. 13/49
**Rücken, der, - 11/33**
rückwärts 11/38
**ruhig 8/7**

### ■■ S ■■

Sache, die, -n 8/10
Sachertorte, die, -n 14/63
**Saft, der, "-e 9/13**
Salami, die, -/-s 12/45
**Salat, der, -e 9/13**
Salatbüfett, das, -s/-e 9/16
Satzbauplan, der, "-e 13/55

Satzklammer, die, -n 8/12
*sauber*machen 8/11
**sauer 12/46**
**schauen 8/7**
**schenken 12/42**
**schicken 12/41**
**Schiff, das, -e 13/49**
**Schinken, der, - 9/13**
**Schulter, die, -n 11/33**
scheinen, geschienen 14/63
**schlafen, schläft, h. geschlafen 10/24**
schließen, h. geschlossen 14/57
**schmecken 9/13**
**schnell 13/55**
**schön 13/52**
**Schrank, der, "-e 8/5**
**Schreibtisch, der, -e 8/5**
schriftlich 12/41
Schuhfan, der, -s 11/39
**Schuhgeschäft, das, -e 13/52**
Schülerband, die, "-e 10/28
**schulfrei 10/22**
**Schuljahr, das, -e 10/22**
**Schulweg, der, -e 13/51**
**Schwimmbad, das, "-er 10/25**
**schwer 10/23**
**See, der, Seen 14/57**
**Sehenswürdigkeit, die, -en 14/61**
**seit 14/63**
**Sekunde, die, -n 10/27**
selbst 11/39
**September, der, nur Sg. 10/21**
**Sessel, der, - 8/5**
setzen 12/44
shoppen 10/22
Silbenende, das, nur Sg. 8/6
Situation, die, -en 9/19
**sitzen, h. gesessen 14/57**
**SMS, die, - 12/41**
**sogar 12/43**
**Sommer, der, - 10/21**
**Sommerferien, die, nur Pl. 12/47**
Sommerfest, das, -e 10/25
**Sonne, die, -n 14/57**
**sonst 12/43**
**Soße, die, -n 9/16**
sowieso 8/7
Spanien, nur Sg. 14/57
spannend 14/57
**sparen 12/44**
Speiseplan, der, "-e 9/16
Spezialität, die, -en 9/13
**spielen 8/6**

spielend 14/57
Spinne, die, -n 8/9
**Sportplatz, der, "-e 13/50**
**Spülmaschine, die, -n 10/24**
**Stadtbesichtigung, die, -en 13/54**
**Stadtführung, die, -en 13/50**
**Stadtplan, der, "-e 13/52**
Stadtrallye, die, -s 14/61
Stadtrundfahrt, die, -en 13/56
**Station, die, -en 13/51**
**stattfinden, h. stattgefunden 12/41**
**stehen, ist gestanden 8/8**
Stephansdom, der, nur Sg. 14/63
**Stereoanlage, die, -n 8/10**
**Stil, der, -e 11/39**
Stimme, die, -n 13/50
Stimmung, die, -en 8/7
**Stock, der, -/Stockwerke 13/51**
**Strand, der, "-e 14/47**
**Streit, der, nur Sg. 12/47**
**Stress, der, nur Sg. 12/41**
**Stuhl, der, "-e 8/5**
**super 11/35**
**Supermarkt, der, "-e 13/52**
**Suppe, die, -n 9/15**
**süß 11/36**
**Sweatshirt, das, -s 11/38**

### ■■ T ■■
**Tagesablauf, der, nur Sg. 14/60**
**Tagesausflug, der, "-e 14/61**
Tanzclub, der, -s 10/23
Tanzen, das, nur Sg. 11/34
**Tasche, die, -n 14/59**
**Tasse, die, -n 9/15**
Technik, die, -en 10/25
**Tee, der, -s 9/13**
**Teller, der, - 12/45**
**Teppich, der, -e 8/5**
Tätigkeit, die, -en 8/5
**Theater, das, - 13/52**
Theaterstück, das, -e 10/25
THW, das (Technisches Hilfswerk) 10/23
**Tisch, der, -e 8/7**
**total 12/46**
**tragen, trägt, getragen 11/36**
**trainieren 10/22**
**Training, das, -s 11/35**
Trapez, das, -e 11/34
**Traum, der, "-e 10/23**
**traurig 8/7**
Trinken, das, nur Sg. 10/25
**T-Shirt, das, -s 11/36**

tschau 12/42
**tun, tut, h. getan 8/11**
**Tür, die, -en 8/5**
**Turm, der, "-e 13/49**
**tut mir leid 11/34**
**Tüte, die, -n 13/54**

### ■■ U ■■
**U-Bahn, die, -en 13/51**
über 10/23
**über (hängt über) 8/8**
überall 10/23
**überhaupt nicht 9/14**
überlegen 12/44
**übernachten 14/57**
umarmen 10/25
Umarme mich!
**uncool 11/36**
unfreundlich 9/18
**ungefähr**
**ungesund 12/43**
unordentlich 8/6
unregelmäßig 14/61
**unten 11/36**
**unter 8/8**
Untergang, der, mst. Sg. 10/25
**unterwegs sein 14/63**

### ■■ V ■■
**Vegetarier, der, - 12/45**
**vegetarisch 9/16**
Veränderung, die, -en 14/61
Verbform die, -en
verbinden, verbunden 12/44
Vergangenheit, die, nur Sg. 12/41
vergessen, vergisst, vergessen 14/63
vergleichen, verglichen 10/21
**verlieren, verloren 13/54**
vermissen 12/47
Verneinung, die, nur Sg. 10/26
**verpackt 12/43**
**verreisen 14/57**
**verrückt 11/36**
**verschieden 10/23**
**versuchen 9/16**
**Verwandte, der/die, -n 12/43**
Vogelkäfig, der, -e 8/8
voll 11/39
**voll cool 11/39**
**vor 8/8**
vorbereiten 9/19
**vorgestern 12/48**
**vorher 14/63**

**vorstellen 11/39**
vorwärts 11/38

### ■■ W ■■
**wach 12/43**
wählen 10/24
Walzer, der, - 11/34
**Wand, die, "-e 8/5**
warum 10/25
Wäsche, die, -n 10/24
**Wasser, das, nur Sg. 9/15**
**wecken 12/43**
**Wecken, das, nur Sg. 14/60**
**Weg, der, -e 13/52**
weich 8/6
**Weihnachtsmarkt, der, "-e 13/54**
**weit 11/37**
**weiter 14/63**
Welle, die, -n 10/25
**Welt, die, -en 10/23**
**wenig 14/60**
wichtig 9/19
**wieder 12/43**
Wien 9/18
**wild 8/7**
Wilhelma, die, nur Sg. 14/61
**Winter, der, - 10/21**
wird 50 12/41
**wirklich 13/55**
wissen, weiß, gewusst 10/23
**Wochenende, das, -n 13/54**
wohin 13/52
**wollen, will, wollen/gewollt 10/23**
**wünschen 12/41**
würfeln 12/47
**Wurst, die, "-e 9/13**
Wurstbrötchen, das, - 12/45
**Würstchen, das, - 9/13**
**wütend 8/7**

### ■■ Z ■■
z.B. (zum Beispiel) 14/57
Zebra, das, -s 11/34
zeichnen 8/8
**zeigen 8/7**
Zeitangabe, die, -n 10/27
**Zentrum, das, Zentren 13/51**
Zettel, der, - 10/24
**Zeugnis, das, -se 10/21**
**Zimmer, das, - 8/5**
Zimmerbeschreibung, die, -en 8/12
**Zirkus, der, -se 11/34**
Zirkus-AG, die, -s 11/35

Zitrone, die, -n  9/19
Zitronensoße, die, -n  9/16
Zoo, der, -s  14/61
zu dritt  13/55
zu Fuß (gehen)  13/51
zu teuer  13/54

zuerst  10/23
Zug, der, "-e  13/53
Zuhause, das, nur Sg.  8/5
zuhören  8/11
zum Schluss  13/51

zumachen  10/22
zurzeit  10/26
zusammengesetzt  9/19
zwischen  8/8
Zwischenmahlzeit, die, -en  14/60

# Buchstaben und Laute im Deutschen

| Buchstaben | Laute | Beispiele |
|---|---|---|
| a | aa | ah<br>a | [aː]<br>[a] | Abend | Staat | fahren<br>wann, Bank |
| ä | äh<br>ä | [ɛː]<br>[ɛ] | spät, Käse | zählen<br>Städte |
| ai | [ai] | Mai |
| au | [au] | kaufen, Haus |
| äu | [ɔy] | Häuser |
| b | bb<br>-b | [b]<br>[p] | bleiben, Urlauber | Hobby<br>Urlaub |
| ch<br><br>chs | [ç]<br>[x]<br>[ks] | ich, möchte, Bücher<br>auch, Buch, kochen<br>sechs, wechseln |
| d<br>-d | -dt | [d]<br>[t] | danke, Ende, Länder<br>Land | Stadt |
| e | ee | eh<br>e<br>-e | [eː]<br>[ɛ]<br>[ə] | leben | Tee | sehr<br>gern, wenn<br>bitte, hören |
| ei | [ai] | klein, frei |
| eu | [ɔy] | neu, heute |
| f | ff | [f] | fahren, kaufen | treffen |
| g | gg<br>-g<br>-ig | [g]<br>[k]<br>[ɪç] | Geld, Tage | joggen<br>Tag<br>fertig, wichtig |
| h<br>-h | [h]<br>– | heute, Haus<br>Ruhe ['ruːə], sehen ['zeːən] |
| i | ie | ieh<br>i | [iː]<br>[ɪ] | Kino | lieben | sie sieht<br>Kind |

| | | |
|---|---|---|
| **j** | [j] | **j**a |
| **k** \| ck | [k] | **K**affee \| di**ck** |
| **l** \| ll | [l] | **l**esen \| beste**ll**en |
| **m** \| mm | [m] | **M**usik, Na**m**e \| ko**mm**en |
| **n** \| nn | [n] | **n**eu, ma**n** \| kö**nn**en |
| **ng** | [ŋ] | Woh**n**u**ng**, si**ng**en |
| **nk** | [ŋk] | Ba**nk** |
| **o** \| oo \| oh | [oː] | sch**o**n \| **Zoo** \| S**oh**n |
| o | [ɔ] | S**o**nne |
| **ö** \| öh | [ø] | sch**ö**n \| fr**öh**lich |
| ö | [œ] | m**ö**chte |
| **p** \| pp | [p] | **P**ause, Su**pp**e, Ti**pp** |
| ph | [f] | Al**ph**abet |
| **qu** | [kv] | **Qu**alität |
| **r** \| rr \| rh | [r] | **r**ichtig \| ko**rr**ekt \| **Rh**ythmus |
| -er | [ɐ] | Butt**er** |
| **s** | [z] | **s**ehr, S**o**nne, rei**s**en |
| s \| ss \| ß | [s] | Rei**s** \| e**ss**en \| wei**ß** |
| **sch** | [ʃ] | **Sch**ule, zwi**sch**en |
| sp- | [ʃp] | **Sp**ort, mit·**sp**ielen |
| st- | [ʃt] | **St**adt, ver·**st**ehen |
| **t** \| tt \| th | [t] | **T**isch \| Kasse**tt**e \| **Th**eater |
| -tion | [tsi̯oːn] | Informa**tion**, funk**tion**ieren |
| **u** \| uh | [uː] | g**u**t \| **U**hr |
| u | [ʊ] | B**u**s |
| **ü** \| üh | [yː] | S**ü**den \| ber**üh**mt |
| ü | [y] | Gl**ü**ck |
| **v** | [f] | **v**iel, **v**ergessen, **v**erliebt |
| v | [v] | Akti**v**ität |
| -v | [f] | akti**v** |
| **w** | [v] | **w**ichtig |
| **x** | [ks] | bo**x**en |
| **y** | [yː] | t**y**pisch |
| y | [y] | Rh**y**thmus |
| -y | [i] | Hobb**y** |
| **z** \| tz | [ts] | **Z**eitung, ta**nz**en \| Pla**tz** |

| Infinitiv | Präsens - 3. Person Sg. er/es/sie | Perfekt - 3. Person Sg. er/es/sie |
|---|---|---|
| abhauen | haut ab | **ist** abgehauen |
| abschreiben | schreibt ab | hat abgeschrieben |
| • anfangen | fängt an | hat angefangen |
| anrufen | ruft an | hat angerufen |
| ansehen | sieht an | hat angesehen |
| aufschreiben | schreibt auf | hat aufgeschrieben |
| aufstehen | steht auf | **ist** aufgestanden |
| aussehen | sieht aus | hat ausgesehen |
| aussprechen | spricht aus | hat ausgesprochen |
| austragen | trägt aus | hat ausgetragen |
| • beginnen | beginnt | hat begonnen |
| beißen | beißt | hat gebissen |
| • bekommen | bekommt | hat bekommen |
| benennen | benennt | hat benannt |
| • beschreiben | beschreibt | hat beschrieben |
| • bleiben | bleibt | **ist** geblieben |
| • brennen | brennt | hat gebrannt |
| • bringen | bringt | hat gebracht |
| dabeihaben | hat dabei | hat dabeigehabt |
| einladen | lädt ein | hat eingeladen |
| einschlafen | schläft ein | **ist** eingeschlafen |
| eislaufen | läuft eis | **ist** eisgelaufen |
| erfinden | erfindet | hat erfunden |
| erraten | errät | hat erraten |
| • essen | isst | hat gegessen |
| • fahren | fährt | **ist** gefahren |
| • fernsehen | sieht fern | hat ferngesehen |
| • finden | findet | hat gefunden |
| • fliegen | fliegt | **ist** geflogen |
| fressen | frisst | hat gefressen |
| • geben | gibt | hat gegeben |
| • gehen | geht | **ist** gegangen |
| • haben | hat | hat gehabt |
| hängen | hängt | hat gehangen |
| herausfinden | findet heraus | hat herausgefunden |
| heißen | heißt | hat geheißen |
| • helfen | hilft | hat geholfen |
| • kennen | kennt | hat gekannt |
| • kommen | kommt | **ist** gekommen |
| • können | kann | hat gekonnt |
| • lassen ___ _Leant bear_ | lässt | hat gelassen |
| • laufen | läuft | **ist** gelaufen |
| leiden | litt | hat gelitten |
| • lesen | liest | hat gelesen |
| liegen | liegt | hat gelegen |
| mitbringen | bringt mit | hat mitgebracht |
| mitkommen | kommt mit | **ist** mitgekommen |
| mitnehmen | nimmt mit | hat mitgenommen |
| • mögen | mag | hat gemocht |
| • müssen | muss | hat gemusst |

| Infinitiv | Präsens - 3. Person Sg. er/es/sie | Perfekt - 3. Person Sg. er/es/sie |
|---|---|---|
| nachdenken | denkt nach | hat nachgedacht |
| nachsprechen | spricht nach | hat nachgesprochen |
| nehmen | nimmt | hat genommen |
| nennen | nennt | hat genannt |
| raten | rät | hat geraten |
| reiten | reitet | **ist** geritten |
| riechen | riecht | hat gerochen |
| rufen | ruft | hat gerufen |
| scheinen | scheint | hat geschienen |
| schlafen | schläft | hat geschlafen |
| schließen | schließt | hat geschlossen |
| schreiben | schreibt | hat geschrieben |
| schwimmen | schwimmt | **ist** geschwommen |
| sehen | sieht | hat gesehen |
| singen | singt | hat gesungen |
| sitzen | sitzt | hat gesessen |
| sprechen | spricht | hat gesprochen |
| stattfinden | findet statt | hat stattgefunden |
| stehen | steht | hat gestanden |
| tragen | trägt | hat getragen |
| trinken | trinkt | hat getrunken |
| verbinden | verbindet | hat verbunden |
| vergessen | vergisst | hat vergessen |
| vergleichen | vergleicht | hat verglichen |
| verlieren | verliert | hat verloren |
| verstehen | versteht | hat verstanden |
| vorgehen | geht vor | **ist** vorgegangen |
| vorlesen | liest vor | hat vorgelesen |
| waschen | wäscht | hat gewaschen |
| weiterlesen | liest weiter | hat weitergelesen |
| wissen | weiß | hat gewusst |
| wollen | will | hat gewollt |

**Bildquellen**

Umschlagfoto – Anke Schüttler; S. 05 – Karel Brož; S. 06 (links) – Friederike Jin; S. 06 (rechts) – Lutz Rohrmann; S. 08 – Karel Brož; S. 13 – Karel Brož, Václav Kohout, Věra Frausová, photocombo.com; S. 14, 15, 16, 17 (B, C, H, G) – Karel Brož; S. 17 (A) – Landeshauptstadt Kiel / Okon; S. 17 (D) – photocombo.com; S. 17 (E) – Milan Wišo; S. 17 (F) – Andrea Jungwirth; S. 18 (1) – Lutz Rohrmann; S. 18 (2) – ČTK / Oldřich Věrčák; S. 19 – Lutz Rohrmann; S. 21 (A) – Věra Frausová; S. 21 (B) – Deutsche Jugendfeuerwehr / Andreas Gattinger; S. 21 (C, F) – Karel Brož; S. 21 (D) – photocombo.com; S. 21 (E, Baum) – Lutz Rohrmann; S. 22 (1, 3-5) – Karel Brož; S. 22 (2) – profimedia.cz; S. 22 (6) – Lutz Rohrmann; S. 23 (1) – 1. FFC Turbine Potsdam / Jan Kuppert; S. 23 (2) – ČTK / A2931 Bernd Weißbrod; S. 23 (3) – photocombo.com; S. 23 (4) – Karel Brož; S. 23 (5) – Bundesanstalt Technisches Hilfswerk; S. 24, 25 (oben) – Karel Brož; S. 25 (Kirche, Drachenbootrennen) – Lutz Rohrmann; S. 26 – Karel Brož; S. 27 – Lutz Rohrmann; S. 30 (A-C, E, H, I, L) – Karel Brož; S. 30 (D, J, K) – photocombo.com; S. 30 (F) – Heinrich Brand; S. 30 (G) – Congress- und Turismus-Zentrale Nürnberg, Verkehrsverein Nürnberg e.V. / Uli Kowatsch; S. 31, 32 (1, 2, 4) – Karel Brož; S. 32 (3) – photocombo.com; S. 33, 35 (oben) – Heinz-Guenther Hamich; S. 35 (unten) – Lutz Rohrmann; S. 36 – Karel Brož, Quelle s.r.o., ELON classic fashion, Pietro Filipi; S. 37, 38 – Karel Brož; S. 39 – photocombo.com; S. 41 – Karel Brož; S. 42 – Alexandr Vacek; S. 43 (links) – Karel Brož; S. 43 (rechts) – Friederike Jin; S. 45 – Karel Brož, photocombo.com, Informationszentrale Deutsches Mineralwasser; S. 46 (oben) – Karel Brož; S. 46 (unten) – Lutz Rohrmann; S. 47 (1) – Věra Frausová; S. 47 (2-4) – Karel Brož; S. 49 – Presse- und Informations-amt der Stadt Frankfurt / H. D. Fehrenz; S. 50, 51 (A, B, E) – Friederike Jin; S. 51 (Mädchen) – photocombo.com; S. 51 (Junge) – Karel Brož; S. 51 (C, D) – photocombo.com; S. 51 (F) – Milada Vlachová; S. 52 – Friederike Jin; S. 53 – Karel Brož; S. 54 (A, B, D, E) – Friederike Jin; S. 54 (C) – ČTK / AP / Herbert Knosowski; S. 54 (F) – photocombo.com; S. 55 – Lutz Rohrmann; S. 57 (1) – ČTK / Flughafen A9999 München; S. 57 (2) – Goethe-Institute in Deutschland 2007; S. 57 (3) – photocombo.com; S. 57 (4) – Věra Frausová; S. 57 (5) – Milada Vlachová; S. 57 (6) – Lutz Rohrmann; S. 58 – Karel Brož, photocombo.com; S. 59 – Karel Brož; S. 60 – Goethe-Institute in Deutschland 2007; S. 60 (unten) – Karel Brož; S. 61 (1) – Mercedes-Benz Museum, Stuttgart / DaimlerChrysler AG; S. 61 (2) – Stuttgart-Marketing GmbH; S. 63 (1, 2, 4) – Lutz Rohrmann; S. 63 (3) – Stadtmarketing Basel; S. 63 (5) – Hafen Hamburg Marketing e.V./ Hettchen; S. 66 (1) – Václav Kohout; S. 66 (2) – PhotoDisc Europe; S. 66 (3), 68 – Karel Brož

Für die freundliche Unterstützung bedanken sich Verlag und Autoren bei Frau Katja Damsch und Frau Burcu Kiliç als auch bei den Schülern und Schülerinnen am Internationalen Ganztagsgymnasium Leonardo da Vinci Campus in Nauen und an der Rheingau-Oberschule in Berlin-Friedenau.